Riemann

Gemma Elwin Harris

DAS BUCH
DER ANTWORTEN
AUF FRAGEN, DIE SIE
NIE STELLEN WÜRDEN*

*aber Ihre Kinder womöglich schon

Aus dem Englischen von Susanne Gerold

Riemann

Die englische Originalausgabe erschien 2012 unter dem Titel
»Big Questions from Little People ... Answered by Some Very Big People«
bei Curtis Brown Group Limited, London.

Verlagsgruppe Random House FSC-DEU-0100
Das für dieses Buch verwendete FSC®-zertifizierte Papier
EOS liefert Salzer Papier, St. Pölten, Austria

1. Auflage
Deutsche Erstausgabe
© 2013 der deutschsprachigen Ausgabe
Riemann Verlag, München,
in der Verlagsgruppe Random House GmbH
© Gemma Elwin Harris, 2012
Redaktion: Mareike Fallwickl
Covergestaltung und Illustrationen: Martina Baldauf, herzblut02
Satz: Barbara Rabus
Druck und Bindung: CPI Moravia Books s.r.o., Pohořelice
Printed in Czech Republic
ISBN 978-3-570-50151-1

www.riemann-verlag.de

»Das Streben nach Wahrheit und Schönheit
ist ein Gebiet, auf dem wir das ganze Leben lang
Kinder bleiben dürfen.«

Albert Einstein

INHALT

VORWORT

Als Eltern werden wir von unseren Kindern ständig mit Fragen bestürmt, die manchmal logisch, manchmal rätselhaft und manchmal auch sehr philosophisch sind. Als ich vor Kurzem meinen zweijährigen Sohn von der Kinderkrippe abholte, deutete er auf dem Rückweg auf den Mond und fragte: »Was das?« In diesem Alter reicht eine Antwort wie »Das ist der Mond« noch aus, aber nicht mehr lange, und ich werde alle Mühe haben, zu erklären, woraus der Mond besteht, wie weit er von uns entfernt ist und ob ein Goldfisch auf ihm überleben könnte.

Höchstwahrscheinlich haben wir die richtigen Antworten auf die Fragen, die Kinder stellen, vergessen oder erinnern uns nur noch an Teile davon – sofern wir sie überhaupt jemals kannten. Da wäre es natürlich praktisch, sich an einen Experten oder eine Expertin wenden zu können, die uns die richtige Antwort in einer verständlichen Form einflüstern würden. Deshalb gibt es dieses Buch.

Wir baten Tausende von Kindern im Alter von vier bis zwölf Jahren an zehn Schulen, uns jene Fragen zuzuschicken, auf die sie am liebsten eine Antwort hätten. Die Ergebnisse waren faszinierend, umwerfend und witzig. Es gab niedliche und sonderbare Fragen wie »Warum funkelt das Weltall so?«, »Wer hatte das erste Haustier?« und »Kann eine Biene eine

Biene stechen?«. Andere waren verteufelt schwierig: »Wie entsteht Strom?« oder »Woher kommen die Meere?«

Ein paar zielten mitten in den Kern großer philosophischer Rätsel: »Wieso gibt es Kriege?«, »Wie verliebt man sich?« und »Woher kommt das Gute?«

Viele der handschriftlich verfassten Fragen bezogen sich auch auf Körperfunktionen. »Warum ist Pipi gelb?«, war eine Frage, die mehrfach auftauchte. Ganz offensichtlich befassen sich viele Kinder mit den Geheimnissen des Weltalls, und es ist wohl keine Überraschung, dass sie auch von Tieren – Hühnern, Kühen und Affen – fasziniert sind. Eine besonders geniale Frage vereinte sogar alles Genannte in sich – in einer wilden Fantasie über Kühe, Gedärme und Raumfahrt: »Wenn eine Kuh ein Jahr lang nicht furzt und dann einen großen Furz loslässt, fliegt sie dann bis ins Weltall?«

Wie würden weltbekannte Experten diese Fragen beantworten? Wir haben es herausgefunden. Die Reaktionen unseres Expertenteams waren atemberaubend und herzerwärmend. Ganz egal, wie beschäftigt diese Menschen auch gerade waren, sie haben sich die Zeit genommen, an diesem Buch mitzuarbeiten, um dem NSPCC – dem führenden Verband für Kinderschutz in Großbritannien – zu helfen.

Bear Grylls machte sich die Mühe, den Nährwert eines Wurms zu erklären. Jessica Ennis mailte ein Mantra für aufstrebende Olympioniken, und das nur zwei Monate vor den Olympischen Spielen 2012. Derren Brown nutzte seine grauen Zellen für die Beantwortung der Frage »Ist das menschliche Gehirn das mächtigste Ding auf der Welt?«, während Philippa Gregory ihren jüngsten Roman beiseitelegte, um die Frage zu beleuchten, warum Guy Fawkes »so böse« war. Keine

Frage war den Experten zu bizarr. Die Historikerin Bettany Hughes zuckte nicht einmal mit der Wimper, als wir sie baten, die Frage zu beantworten: »Mochte Alexander der Große Frösche?«

Dieses Buch erhebt keineswegs den Anspruch, die einzig möglichen Antworten auf die enthaltenen Fragen zu liefern. Vielmehr ist dies eine Sammlung der persönlichen Auskünfte einzelner Experten auf die persönlichen Fragen verschiedener Kinder. Wir hoffen, dass die Entgegnungen Ihnen helfen und Spaß machen und dass Sie etwas davon mitnehmen – zum Beispiel die bildliche Vorstellung einer Kuh, die von ihrem eigenen Methan angetrieben durchs All schwebt. (Danke an die Sachbuchautorin Mary Roach und ihren Freund Ray, einen echten Raketentechniker, dafür, dass sie die mathematische Rechnung dazu aufgestellt haben.)

Als mein Sohn an jenem Abend die Frage über den Mond stellte, ging ich im Geiste bereits den Inhalt des Kühlschranks durch und überlegte, was ich zum Abendessen kochen sollte. Er lag in seinem Buggy und schaute gemütlich zum schönen Himmel hinauf. Zum ersten Mal sah er ganz bewusst dort oben in der Dunkelheit eine blasse und geisterhafte Kugel schimmern. Seine Frage »Was das?« verlangte von mir, den Mond ebenfalls anzusehen. Also blieben wir stehen und starrten ihn an, und ganz seltsam und neu kam er uns beiden in diesem Moment vor.

GIBT ES NOCH UNENTDECKTE TIERE?

Sir David Attenborough
Naturforscher

Ja. Hunderte. Vermutlich sogar Tausende. Niemand kann sagen, wie viele es genau sind – eben weil sie noch nicht entdeckt wurden.

Angenommen, du würdest einen Tag in einem tropischen Regenwald verbringen und mit einem Schmetterlingsnetz auf die Jagd gehen, es durch das Unterholz oder das Laub hoch oben an den Bäumen schwingen – da würdest ganz sicher Hunderte von Insekten einfangen. Viele von ihnen wären Käfer. Gäbe es darunter auch welche, die die Wissenschaft noch nicht kennt? Da müsstest du einen Käferspezialisten fragen, der viele von ihnen sofort einordnen könnte. Aber vielleicht wären auch ein paar darunter, die ihn verblüffen würden.

Wären es bisher unentdeckte Arten? Es könnte sein, dass dieser Wissenschaftler viel Zeit in einem Museum und mit Büchern verbringen müsste, um die Käfer mit den bekannten Arten zu vergleichen. Aber ich halte es für sehr wahrscheinlich, dass bei den gefangenen Insekten ein paar unbekannte dabei wären. Tatsächlich glaube ich, dass es mühsamer sein dürfte, einen Käferexperten zu finden, der diese schwierige Aufgabe meistern könnte, als auf einen unbekannten Käfer zu stoßen.

Bei den großen Tieren sind unbekannte Arten sehr viel seltener. Die größte Chance, eins zu finden, hättest du wohl, wenn du in den Teil unseres Planeten reisen könntest, der bisher noch am wenigsten erforscht ist: die Tiefsee. Das geht aber nur mit speziellen Tiefsee-U-Booten, die sehr stark sein müssen, um dem gewaltigen Druck des Wassers standhalten zu können. Und natürlich ist es da unten stockdunkel, also müsstest du starke Scheinwerfer auf die Suche mitnehmen.

Vielleicht erhaschst du im Licht der Scheinwerfer einen Blick auf etwas. Aber nur, wenn du es fangen und genauer untersuchen würdest, könntest du sicher sagen, ob es sich um eine neue Tierart handelt. Und es ist sehr schwierig, da unten Tiere zu fangen, denn du brauchst dafür eine ganz besondere Ausrüstung. Ich bin jedenfalls sicher, dass da unten Ungeheuer hausen, die noch nie jemand gesehen hat.

IST ES IN ORDNUNG, EINEN WURM ZU ESSEN?

Bear Grylls
Forscher und Überlebensexperte

Nun, die Sache ist die… Wenn dein Leben davon abhängt, ist es ganz klar in Ordnung, einen Wurm zu essen. Aber du kannst mir glauben: Das willst du nicht jeden Tag tun.

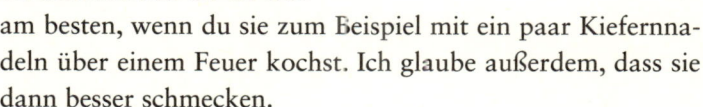

Aber wenn du wirklich einen isst, musst du vorsichtig sein, denn Würmer haben manchmal ziemlich üble Sachen in ihren Mägen, da sie den ganzen Tag auf dem Boden herumkriechen! Es ist also am besten, wenn du sie zum Beispiel mit ein paar Kiefernnadeln über einem Feuer kochst. Ich glaube außerdem, dass sie dann besser schmecken.

Ich werde nie vergessen, wie ich meinen ersten Wurm gegessen habe. Ich stand fassungslos da und sah zu, wie ein Soldat einen langen, saftigen Wurm einsaugte und kaute. Als ich an der Reihe war, wurde mir schlecht.

Aber weißt du was? Wenn du es oft genug tust und hungrig genug bist, wird es leichter. Und das ist das wahre Geheimnis vom Leben und Überleben: Wenn dein Geist stark genug ist, wirst du einen Weg finden, das Unmögliche zu tun. Das ist die Lektion des Wurms.

Oh, und vergiss nicht: immer schön lächeln, auch wenn es regnet.

Das ist die zweitwichtigste Lektion. Also geh raus und lerne die Welt kennen.

WAS SIND ATOME?

Marcus Chown
Autor von Büchern über den Weltraum und das Universum

Atome sind die Bausteine, aus denen alles besteht: du, ich, Bäume, sogar die Luft, die wir atmen. Du kannst Atome nicht sehen, weil sie sehr klein sind. Wenn man zehn Millionen von ihnen hintereinanderlegte, würden sie noch nicht einmal über den Punkt des Ausrufezeichens am Ende dieses Satzes hinausragen!

Aber wenn du ein Atom sehen könntest, würde dir etwas wirklich Seltsames auffallen. Da ist nämlich fast nichts dran. Genau genommen sind Atome eigentlich nichts als leerer Raum.

Im Zentrum eines Atoms befindet sich ein kleiner Klecks Materie, der als Kern bezeichnet wird. Um diesen Kern herum kreisen – wie die Planeten um die Sonne – noch winzigere Materieteilchen, die Elektronen heißen. Aber zwischen dem Kern und den Elektronen ist eine Menge Platz. Das bedeutet, dass du und ich – da wir aus Atomen bestehen – hauptsächlich leerer Raum sind.

Tatsächlich gibt es im Innern von Atomen so viel leeren Raum, dass alle Menschen auf der Welt in ein einziges Stück Würfelzucker passen würden, wenn man diesen leeren Raum aus ihnen rausdrücken würde. Stell dir das mal vor. Die ganze Menschheit zu einem Stück Würfelzucker zusammengepresst. Allerdings wäre das dann ein sehr, sehr schweres Stück Zucker!

Noch etwas zu den Atomen. Es gibt 92 verschiedene Arten (und ein paar weitere, die nicht in der Natur vorkommen, sondern von Wissenschaftlern geschaffen wurden).

Und genauso, wie du aus Legosteinen viele verschiedene Dinge wie ein Haus oder einen Hund oder ein Boot zusammenbauen kannst, verbinden sich die Atome zu verschiedenen Gruppen, um eine Rose oder einen Baum oder ein Baby zu ergeben. Wir alle bestehen aus bestimmten Kombinationen von Atomen. Und weil diese Kombinationen unterschiedlich sind, unterscheiden wir uns voneinander.

WIESO HABEN DIE ERWACHSENEN DAS SAGEN?

Miranda Hart
Komikerin, Schriftstellerin und Schauspielerin

Das frage ich mich manchmal auch. Vielleicht hast du diese Frage gestellt, weil du erlebt hast, dass Erwachsene etwas tun, das du nicht verstehst. Oder sie haben von dir verlangt, etwas zu tun, das du nicht in Ordnung oder gerecht findest. Sicher denkst du, dass du sehr viel glücklicher wärst, wenn du nicht tun müsstest, was sie dir sagen. Und obwohl ich ja eigentlich selbst zu den Erwachsenen gehöre, werde ich manchmal ziemlich wütend oder empfinde es als ungerecht, wenn mir ein Mensch, der älter ist als ich oder eine höhere Position bei der Arbeit hat, vorschreibt, was ich zu tun habe.

Nun, es ist so. Wir müssen darauf vertrauen, dass Menschen, die älter sind als wir, genügend Lebenserfahrung haben und klug genug sind, um aus Liebe zu uns im Hinblick auf unser Wohlergehen und unsere Interessen die richtigen Entscheidungen zu treffen. Es fühlt sich vielleicht nicht immer so an, und manchmal machen Erwachsene auch Fehler. Wenn du ganz und gar nicht ihrer Meinung bist, musst du ihnen das in aller Ruhe sagen, ohne böse zu werden, und abwarten, was sie dazu meinen. Aber grundsätzlich ist es so, dass Menschen an

Lebenserfahrung gewinnen, wenn sie älter werden, und dass sie dadurch klüger werden und besser Bescheid wissen, weshalb sie dann auch das Sagen haben. Wenn du eines Tages selbst erwachsen bist, wirst du genau verstehen, was ich meine.

Ich möchte dir aber noch ein kleines Geheimnis verraten. Ich glaube, dass Erwachsene manchmal auch deshalb Fehler machen, weil sie vergessen, was es heißt, ein Kind zu sein. Deshalb darfst du die Erwachsenen an drei ganz besonders wichtige Dinge erinnern:

Erstens, dass sie sich unbedingt die Zeit nehmen sollen, mit dir zu spielen. Denn manchmal kommt es vor, dass sie einfach zu viel arbeiten.

Zweitens, dass sie sich keine Gedanken mehr darüber machen sollen, was andere von ihnen halten, sondern dass sie einfach nur sie selbst sein und ihre Träume mutig verwirklichen sollen. Es ist sehr dumm, den eigenen Träumen nicht zu folgen, meinst du nicht auch?

Und drittens kannst du ihnen beibringen, jeden einzelnen Tag bewusst zu leben und ihm jeden Tropfen Spaß auszusaugen, ohne sich um das Morgen zu kümmern. Erwachsene vergessen nämlich, dass sie sich im Augenblick frei fühlen und fröhlich sein können, und genau das kannst du ganz wunderbar.

WARUM IST BLUT ROT
UND NICHT BLAU?

Dr. Christian Jessen
Arzt und Fernsehmoderator

Du hast vielleicht gehört, dass Könige und Königinnen blaues Blut haben. Das wäre lustig, aber ich fürchte, es stimmt nicht. Niemand hat blaues Blut. Blut ist immer rot.

Die Venen an deinen Armen sehen so aus, als wäre darin blaues Blut. Das kommt daher, dass deine Venen so dicht unter der Haut liegen und die Haut nur bestimmte Farben des Lichts durchlässt – deshalb wirkt das Blut darin von außen blau. In deinen Venen selbst ist es immer noch rot.

Woher hat das Blut die rote Farbe? Die Farbe kommt von einer sehr wichtigen Chemikalie im Blut, die man Hämoglobin nennt und die den Sauerstoff von deiner Lunge in deinem ganzen Körper verteilt, sodass du jede Menge Energie hast, um dich zu bewegen. Auch wenn es *niemals* blau ist, kann das Hämoglobin seine Farbe ein bisschen verändern. Wenn viel Sauerstoff in deinem Körper ist, verleiht es dem Blut ein leuchtendes Rot. Wenn du läufst und spielst, verbraucht dein Körper mehr Sauerstoff, und dein Blut wird dunkelrot und schnell zur Lunge zurückgepumpt, damit sie neuen Sauerstoff bekommt.

Einige Tiere haben allerdings wirklich blaues Blut. Weißt du, welche? Kraken, Kalmare, Hummer, Tintenfische und Pfeil-schwanzkrebse haben alle blaues Blut!

WIE ENTSTEHEN TRÄUME?

Alain de Botton
Philosoph

Die meiste Zeit über hast du das Gefühl, selbst über deinen Verstand zu bestimmen. Du willst mit Legosteinen spielen? Dein Gehirn sorgt dafür, dass du es tust. Du hast Lust, ein Buch zu lesen? Du kannst die Buchstaben miteinander verbinden und sehen, wie in deiner Fantasie Figuren auftauchen.

Nachts allerdings passieren seltsame Dinge. Während du im Bett liegst, veranstaltet dein Verstand die komischsten, erstaunlichsten und manchmal auch ziemlich beängstigende Aufführungen.

Du schwimmst vielleicht im Amazonas oder hängst an den Flügeln eines Flugzeugs, lernst für eine fünf Stunden dauernde Prüfung bei deinem strengsten Lehrer oder isst einen Haufen Würmer. Die Dinge, die du aus dem richtigen Leben kennst und denen du vielleicht nicht mal viel Aufmerksamkeit geschenkt hast, tauchen in lebhaften Träumen auf: Der Verkäufer aus dem Zeitschriftenladen spielt vielleicht plötzlich eine große Rolle in einem Urlaub, der in deinem Traum in Sansibar stattfindet. Ein Junge, mit dem du in der Schule nie sprichst, erweist sich in einem Traum als dein bester Freund.

Früher haben die Leute geglaubt, dass unsere Träume voller Andeutungen über unsere Zukunft sind. Heute neigen wir dazu zu glauben, dass Träume dem Verstand eine Möglichkeit bieten, sich nach einem Tag, an dem man mit allem Möglichen beschäftigt war, neu zu arrangieren und aufzuräumen.

Wieso sind Träume manchmal beängstigend? Es kann sein, dass tagsüber Dinge geschehen, die uns Angst machen, nur sind wir so beschäftigt, dass wir gar nicht richtig darüber nachdenken können. Wenn wir dann jedoch nachts tief und fest schlafen, können wir diese Ängste frei herumlaufen lassen. Oder vielleicht hast du im Laufe des Tages etwas sehr Schönes getan, nur hattest du es eilig und hast deshalb nicht viel Zeit darauf verwendet. So etwas könnte im Traum auftauchen. In Träumen kehrst du zu den Dingen zurück, die du verpasst hast, oder du reparierst, was beschädigt wurde, du erschaffst Geschichten über das, was du liebst, und erforschst die Ängste, die du normalerweise in den Hinterkopf verbannst.

Träume sind sowohl aufregender als auch beängstigender als das tägliche Leben. Sie sind ein Zeichen dafür, dass unser Gehirn eine fantastische Maschine ist – und dass es Fähigkeiten hat, die wir ihm oft gar nicht zutrauen, wenn wir es nur benutzen, um unsere Hausaufgaben zu machen oder ein Computerspiel zu spielen. Träume zeigen uns, dass wir nicht immer die Chefs von uns selbst sind.

WIE LANGE WÜRDE ES DAUERN, EINMAL ZU FUSS DIE WELT ZU UMRUNDEN?

Rosie Swale-Pope
Die Großmutter,
die um die Welt lief

Ich weiß nicht, wie lange es dauern würde, einmal um die Welt herumzu*gehen*, aber ich habe 1789 Tage gebraucht, um einmal um die Welt herumzu*laufen*. Ich habe dafür 53 Paar Schuhe benötigt!

Nach dem Tod meines Mannes habe ich aus Wohltätigkeitszwecken mit diesem Lauf angefangen, und ich bin so froh, dass ich es getan habe. Es war unglaublich. Ich habe dabei so viel über andere Leute erfahren, über Tiere und Wälder – und über mich selbst.

Zu den Erlebnissen, die ich nie vergessen werde, zählt die Begegnung mit einem Wolfsrudel in den sibirischen Wäldern. Sibirien ist der einsamste Ort der Welt. Es ist ein winterliches Märchenland, das wunderschön und eisig kalt ist.

31

Es war Nacht, und ich lag in meinem Zelt, als ich plötzlich ein Geräusch hörte. Wenige Augenblicke später streckte ein Wolf seinen Kopf geradewegs ins Zelt. Er hatte große, pelzige Tatzen, und Schnee schmolz auf seinem Fell, sodass es aussah, als würde er Diamanten tragen. Dann zog er sich zurück und verschwand.

Von da an folgte mir das Wolfsrudel zehn Tage lang in einigem Abstand, aber es kam nie näher und tat mir auch nie etwas zuleide. Ich erinnerte mich, dass Wölfe sich oft um Menschen kümmern.

Auch die Menschen, denen ich begegnet bin, waren etwas Besonderes. ÜBERALL. So wie der furchteinflößende Mann in Russland, der mit einer Axt in der Hand auf mich zugelaufen kam und mir dann freundlich ein Stück Brot gab! Er hieß Alexei und war ein Förster, und er hatte gedacht, dass ich hungrig sein müsste. Oder die Kinder aus White Mountain in Alaska, die mir eine wunderschöne selbstgemachte Fahne gaben, bevor ich mich wieder zu den nächsten tausend Meilen Wildnis aufmachte. Ihr Lehrer sagte: »Wir haben einen Stern nach dir benannt. Wenn wir nachts zum Himmel hochsehen, werden wir an dich denken!«

Irgendwann hatte ich es schließlich geschafft. Den ganzen Weg um die Erde herum. Es gibt zwei Fußabdrücke in dem Pflaster meiner Heimatstadt Tenby in Wales – mein erster und mein letzter Schritt. Dazwischen lagen 20 000 Meilen.

Ich danke dir für deine großartige Frage. Wenn du einen Traum hast, FOLGE IHM, ganz egal, worum es dabei geht! Ich wünsche dir alles Glück der Welt!

WIESO GIBT ES MUSIK?

Jarvis Cocker
Musiker und DJ

Das ist eine sehr gute Frage. Ich wünschte, ich würde die Antwort darauf kennen (ist nur ein Witz!). Nun ja, niemand würde sterben, wenn die Musik aus der Welt verschwände. Sie ist nicht das Gleiche wie Luft oder Wasser – wir könnten also ohne sie leben –, aber stell dir nur vor, wie langweilig das Leben wäre, wenn sie weg wäre. Es würde keine Discos mehr geben, und Konzerte würden nur noch daraus bestehen, dass eine große Gruppe von Menschen eine sehr viel kleinere Gruppe anstarren würde, die auf einer Bühne steht. Schweigend. Und was Stopptanz betrifft … nun, das würde nie in Gang kommen, oder?

Aber im Ernst. In jeder Gesellschaft auf der Erde gibt es Musik, also muss irgendwas an ihr dran sein. Tatsächlich glauben manche Wissenschaftler, dass die Menschen schon gesungen und musiziert haben, bevor sie sprechen konnten.

Vielleicht war Musik unsere erste Art der Kommunikation. Sie kann immer noch eine Möglichkeit sein, wortlos miteinander zu reden: Denk mal an »fröhliche« Lieder und »traurige« Lieder. Beide benutzen die gleichen Noten (es gibt nur zwölf, weißt du), und doch ist die Stimmung, die sie erzeugen, so unterschiedlich. »Oh, aber das liegt doch an den Worten«, wirst du jetzt vielleicht sagen. Aber nein. Versuch einmal, in einem Land, dessen Sprache du nicht verstehst, Radio zu hören. Du wirst immer noch die fröhlichen Lieder von den traurigen unterscheiden können. Es ist der KLANG der Musik, der dir das sagt. Wie das funktioniert? Ich weiß es nicht – aber es funktioniert. Es ist eine Art Magie und ich denke, deshalb haben wir Musik.

Wir können diese Magie spüren, wann immer wir wollen. Wenn du deine Lieblingslieder auflegst und eine Art Kribbeln hinter den Ohren spürst und wenn es dir kalt den Rücken runterrieselt, ist dies das beste Gefühl, das es gibt.

Ich mag Filme und Bücher und Theaterstücke und Gemälde, aber sie alle geben mir nicht das gleiche magische Gefühl. Das tut nur die Musik.

Und deshalb haben wir sie.

GIBT ES AUSSERIRDISCHE?

Dr. Seth Shostak
Astronom

Als ich ein Kind war, habe ich manchmal zum Nachthimmel mit seinen Tausenden von Sternen hochgesehen und mich gefragt: »Kann es sein, dass da draußen irgendwer ist?«

Heute kann man Außerirdische – kluge Geschöpfe, die von Planeten kommen, von denen wir noch nie gehört haben – in einer ganzen Reihe von Filmen und Fernsehserien finden. Außerirdische gibt es überall, so scheint es. Aber nicht alles, was man in Filmen oder im Fernsehen sieht, ist auch wahr. Was sagen also Wissenschaftler über Außerirdische? Existieren sie?

Die Antwort ist: Wir wissen es immer noch nicht.

Die meisten Wissenschaftler halten es für möglich, dass es da draußen Außerirdische gibt. Das liegt daran, dass das Universum so groß ist. Wir leben in einer Galaxis, die als Milchstraße bezeichnet wird und bei der es sich um eine sehr große Gruppe von Sternen handelt. Wir glauben, dass unsere Galaxis etwa eintausend Milliarden Planeten besitzt. Außerdem gibt es mindestens einhundert Milliarden *andere* Galaxien, die wir mit unseren Teleskopen sehen können. Es gibt also im sichtbaren Universum genauso viele Planeten wie Sandkörner an allen Stränden der Erde.

Wenn es so viele Orte gibt, an denen Außerirdische sein *könnten*, ist es sicher vernünftig, davon auszugehen, dass auch wirklich welche existieren.

Wie können wir sie finden? Manche Leute glauben, dass großäugige Besucher von einer anderen Welt mit einer Rakete quer durch den Weltraum gerast sind und jetzt in Fliegenden Untertassen an unserem Himmel herumsausen. Das wäre sehr interessant, aber die meisten Wissenschaftler halten das nicht für wahr. Warum nicht? Weil die Berichte über Fliegende Untertassen unglaubwürdig sind. Wenn du ein Licht am Himmel siehst, kann das alles Mögliche sein. Zum Beispiel ein Flugzeug, ein Ballon oder ein um die Erde kreisender Satellit. Die Wissenschaftler verlangen bessere Beweise, ehe sie glauben wollen, dass irgendeines dieser geheimnisvollen Lichter tatsächlich ein Raumschiff von einem anderen Planeten ist.

Eine andere Möglichkeit, Außerirdische zu finden, besteht darin, große Antennen zu benutzen und zu versuchen, Funksprüche von einer weit entfernten Welt aufzufangen. Wenn wir eine Nachricht von einem fremden Planeten empfangen könnten, würden wir wissen, dass da draußen jemand ist. Es ist mein Beruf, nach solchen Signalen zu suchen, aber bislang habe ich noch keine Rufe von Außerirdischen gehört. Allerdings haben wir auch gerade erst angefangen zu suchen. Ich könnte mir vorstellen, dass wir im Jahr 2050 ein Signal gefunden haben werden.

Dann werden wir die Antwort auf die Frage kennen: »Gibt es Außerirdische?« Und die Antwort wird lauten: »Ja.«

WARUM SCHMECKEN KUCHEN
SO LECKER?

Lorraine Pascale
Kochbuchautorin und Fernsehköchin

Weißt du, das habe ich mich auch schon oft gefragt. Die ganze Sache kommt mir wie ein riesiges wissenschaftliches Experiment vor. Man tut Eier, Butter, Zucker und Mehl in eine Schüssel, vermischt alles sorgfältig und stellt es in den Backofen, wo dann die Magie einsetzt.

Alle Zutaten bilden miteinander ein magisches Netz. Es ist, als würden sich alle die Hände reichen und in der Hitze des Ofens wachsen und wachsen. Und während sie miteinander wachsen, ist es sehr schwierig, geduldig zu bleiben, weil es auch so lecker riecht.

Ich denke, das ist das Schöne an Kuchen, und deshalb schmecken sie so gut. Man braucht ein bisschen Wissen, um den Kuchen zusammenzumixen, aber der Rest ist Magie. Ich meine, es gibt andere Dinge mit genau den gleichen Zutaten, wie zum Beispiel Pasteten, aber sie schmecken nie so gut wie Kuchen!

Butter ist eine wunderbare Zutat, wenn man sie richtig benutzt, und genauso ist es mit Zucker und Eiern. Dann kommt noch Mehl hinzu, das eigentlich nur alles zusammenhält und dafür sorgt, dass es fest wird. Es geht immer darum, die richtigen Mengen von diesen Zutaten zu nehmen – damit der Kuchen wirklich lecker schmeckt, so gut, dass ich ein breites Grinsen im Gesicht habe, wenn ich ihn esse.

Das Schöne an dieser Magie ist, dass jeder sie wirken kann. Mein magisches Rezept fängt mit meinem allerliebsten Gegenstand in der Küche an, meinem Backofen. Damit der Ofen die Magie beim Kuchen auch richtig umsetzen kann, möchte er gerne auf 180 Grad eingestellt werden. Dann brauchen wir 200 Gramm feinen Zucker und 200 Gramm Butter, die mit einem großen Holzlöffel zusammengerührt werden.

Danach füge ich vier mittelgroße Eier hinzu und vermenge alles mit dem großen Holzlöffel, und zwar richtig gut, damit der Kuchen wirklich lecker schmeckt.

Danach kommt was Leichtes: 200 Gramm Mehl mit Backpulver werden hinzugefügt. Dabei muss ich nicht sehr kräftig rühren, sondern kann es sanft tun. Jetzt braucht der Kuchenteig etwas, wo er es sich gemütlich machen kann, während er im Ofen backt, und sein Zuhause besteht aus zwei runden Backformen mit einem Durchmesser von 20 Zentimetern, die mit Backpapier ausgelegt werden.

Es macht Spaß, zuzusehen, wie der Teig jeweils zur Hälfte in eine der Backformen flutscht und dann in den Backofen wandert. Und schon beginnt der Teil, von dem ich bereits gesprochen habe: die Magie im Ofen.

Dabei ist die Sache aber die: Wenn ich versuche, vor Ablauf der magischen 30 Minuten einen Blick in den Ofen zu werfen und ihn aufmache, weigert sich der Kuchen, groß und locker und lecker zu werden. Also füge ich mich diesen 30 Minuten Wartezeit, die ich damit verbringe, in der Küche herumzutanzen und zu singen, bis der Kuchen plötzlich fertig ist, locker und duftend. Vielleicht ist das der Grund, warum Kuchen so gut schmecken, vor allem, wenn sie mit Marmelade und Sahne gefüllt werden: weil sie eine Prise Magie enthalten und es einfach Spaß macht, Kuchen zu backen!

WOHER KOMMT DER WIND?

Antony Woodward und Rob Penn
Autoren

Wind ist nichts als Luft, die sich von einer Stelle zur anderen bewegt.

Der Grund dafür, dass es überhaupt so etwas wie Wind gibt, ist – wie so oft – die Sonne: weil sie die Erde zwar jeden Tag erwärmt, aber nicht alles gleichmäßig erhitzt. Manche Stellen fangen das Sonnenlicht besser ein als andere. Am besten eingefangen wird es im mittleren Bereich der Erde, am Äquator, weshalb es an Orten in der Nähe des Äquators am heißesten ist: in den Dschungeln und Wüsten und auf den Tropeninseln. An den Rändern, an den Polen dagegen wird das Sonnenlicht besonders schwer eingefangen. Deshalb gibt es hier nur Schnee und Eis, und wenn man nicht gerade ein Pinguin oder Eisbär ist, macht es keinen Spaß, sich dort aufzuhalten.

Wenn sich die Luft erwärmt, *steigt* sie *auf*. Und während sie aufsteigt – das ist das Wichtige –, muss etwas anderes ihren Platz einnehmen: andere Luft, die nicht ganz so warm ist. Wenn die erwärmte Luft aufsteigt, rückt kühlere Luft an diese Stelle nach, und – Bingo! – diese sich bewegende Luft ist WIND.

Orkane und Stürme entstehen, wenn die Luft sich ganz schnell bewegt (weil viel Luft aufgestiegen ist, die Platz für noch viel mehr Luft macht, die einströmen kann). Sanfte Brisen gibt es, wenn sie sich langsam bewegt, weil weniger Luft aufgestiegen ist.

Die Atmosphäre – die Luftblase um die Erde herum, die wir atmen –, erwärmt sich und kühlt ab und bewegt und vermischt sich die ganze Zeit, weshalb unser Wetter sich immer wieder ändert.

Wenn das alles mit der Sonne zu tun hat, wie kommt es dann, dass der Wind auch in der Nacht weht? Weil es zwar für *dich* Nacht ist, aber für andere Menschen nicht. Irgendwo auf der Welt scheint immer die Sonne, erwärmt die Luft und bringt sie dazu, sich zu bewegen.

So ist das also. Und was ist mit dem Wind, den dein Vater manchmal fahren lässt? Das weißt du genauso gut wie wir: Das liegt daran, dass er zu viele Bohnen gegessen hat.

WARUM SPRECHEN WIR
UNSERE SPRACHE?

Professor David Crystal
Sprachwissenschaftler

Wenn du dich ein Stück von deinem Wohnort entfernst, wirst du feststellen, dass die Leute woanders nicht so sprechen wie du und deine Freunde. Du wirst merken, dass viele Worte anders klingen – das bezeichnen wir als unterschiedliche Akzente. Und du wirst auch andere Worte hören und andere Möglichkeiten kennenlernen, Sätze zu bilden – das bezeichnen wir als unterschiedliche Dialekte.

Akzente und Dialekte verraten etwas darüber, woher man kommt. Die Leute sagen Sätze wie, »Er klingt wie ein Waliser«, oder »Sie klingt, als würde sie aus London kommen«. Menschen aus anderen Ländern haben ebenfalls Akzente und Dialekte. An der Art, wie jemand spricht, kannst du erkennen, woher er oder sie kommt.

Akzente und Dialekte verändern sich, wenn Leute von einem Ort wegziehen und woanders hinziehen. Sie hören auf, so wie bisher zu sprechen, und fangen an, anders zu reden. Genau das ist vor Tausenden von Jahren passiert, als die Menschen angefangen haben, unseren Planeten zu erforschen. Sobald sie sich an einem neuen Ort niedergelassen hatten, haben

43

sie allmählich begonnen, auf eine neue Art und Weise zu sprechen, und im Laufe vieler, vieler Jahre hat ihre Sprache dann so anders geklungen, dass man sie nicht mehr verstanden hätte, wenn sie an den Ort zurückgekehrt wären, von dem sie ursprünglich gekommen waren. Wenn so etwas passiert, sagen wir, dass jemand angefangen hat, eine andere Sprache zu sprechen.

Vor ungefähr 3000 Jahren begannen Gruppen von Menschen, die davor in den südlichen und östlichen Teilen von Europa gelebt hatten, in die nördlicheren Gebiete zu ziehen, die wir heute Deutschland, Holland, Dänemark, Schweden und Norwegen nennen. Sie sind als germanische Völker bekannt, und die Dialekte und Sprachen, die sie sprachen, werden auch Germanisch genannt.

Ein Mönch namens Beda hat ein Buch geschrieben, in dem er erzählt, wie im fünften Jahrhundert Gruppen von Germanen aus verschiedenen Teilen Nordeuropas nach Britannien gelangt sind. Er schrieb, dass einige von ihnen als Angeln bezeichnet wurden, andere als Sachsen und wieder andere als Jüten. Diese Leute ließen sich in verschiedenen Teilen von Britannien nieder. Es dauerte nicht lange, bis sie eine neue Art zu sprechen entwickelt hatten.

Nach einer Weile gaben die Menschen diesen neuen Siedlern einen Namen. Sie nannten sie Angelsachsen – mit anderen Worten, die »englischen« Sachsen, im Unterschied zu den anderen Sachsen, die immer noch auf dem europäischen Festland lebten. Sie haben dieses Land »Englisches Land« genannt, und schließlich wurde daraus der Name, den wir heute kennen: England. Und die Sprache dieser neuen Sachsen nannte man »Englisch«.

Wenn du dir das Englisch, das die Angelsachsen gesprochen haben, genauer anschaust, wirst du feststellen, dass es ganz anders klingt als die Sprache, die wir heute als Englisch kennen. Es hat sich so viel verändert, dass es fast wie eine fremde Sprache wirkt. Wir nennen es Altenglisch.

Wenn du tausend Jahre in die Vergangenheit reistest, hättest du einige Schwierigkeiten zu verstehen, was die Angelsachsen sagen. Aber du würdest ein paar Worte wiedererkennen, die noch immer in unserem modernen Englisch benutzt werden, so wie *house, bed, child*, und *friend* (Haus, Bett, Kind und Freund). Und wenn du zu einem angelsächsischen Krieger auf deiner Reise in die Vergangenheit sagtest: »Ich lebe in dieser Straße«, wüsste er, was du meinst, denn die Worte in diesem Satz gibt es schon seit mehr als tausend Jahren in der englischen Sprache.

WARUM SIND DIE DINOSAURIER AUSGESTORBEN UND ANDERE TIERE NICHT?

Dr. Richard Fortey
Paläontologe

Dinosaurier mögen zwar groß gewesen sein, aber das heißt nicht, dass sie alles überleben konnten. Manchmal ist es gar keine so gute Sache, besonders groß zu sein. Denn gerade weil sie so groß waren, mussten sie eine Menge essen, um überhaupt am Leben zu bleiben. Besonders wilde Dinosaurier wie der Tyrannosaurus mussten sogar andere Dinosaurier fressen! Als sein Mittagessen ausstarb, war klar, dass er ebenfalls aussterben würde.

Als vor 65 Millionen Jahren ein großer Meteorit – ein riesiger Stein – auf der Erde einschlug, wurde so viel Staub und Gift aufgewirbelt, dass die Sonne verdeckt wurde. Pflanzen benötigen aber Sonnenlicht zum Wachsen. Da es kein Licht mehr gab, verwelkten und starben sie, und lediglich ihre Nüsse und Samen überlebten in der Erde.

Die großen, an Land lebenden pflanzenfressenden Dinosaurier verhungerten, weil sie nichts mehr zum Essen fanden. Und nachdem sich die großen Raubsaurier an den Kadavern der pflanzenfressenden Dinosaurier sattgefressen hatten, gab

es auch für sie nichts mehr zu fressen, sodass sie schon bald genauso ausstarben wie ihre friedliebenden Verwandten. Alles, was von ihnen übrig ist, sind ihre versteinerten Knochen.

Andere Tiere haben allerdings überlebt. Kleine Säugetiere und Schlangen konnten am Leben bleiben, indem sie Käfer und andere Tiere fraßen, die im Erdboden Schutz gefunden hatten. Auf diese Weise konnten sie die Katastrophe überstehen, auch wenn es schwer gewesen sein muss. Die riesigen Meeresechsen starben aus, während Krebse, die fast alles fressen konnten, überlebten. Wenn du das nächste Mal ein Picknick am Meer machst, siehst du vielleicht, wie sich ein Krebs mit einem Stück Knorpel davonmacht, das du ausgespuckt hast. Krebse sind nicht wählerisch. Viele Arten von Muscheln und Schnecken mit ihren schlichten Bedürfnissen konnten ebenfalls überleben.

Nicht alles, was ausgestorben ist, war riesig. Zur gleichen Zeit wie die Dinosaurier starb eine große Gruppe von gewundenen Lebewesen aus, die als Ammoniten bezeichnet werden.

Diese Tiere lebten im Wasser in Schalen, die ein bisschen wie eingerollte Widderhörner aussahen. Es gab sie viele Millionen Jahre länger als die Dinosaurier.

Und hier kommt das Überraschende ... die Dinosaurier sind gar nicht wirklich ausgestorben! Nicht alle Dinosaurier waren riesig: Manche waren nicht größer als eine Katze. Einige dieser kleinen Dinosaurier hatten Federn, und einer dieser gefiederten Dinosaurier war der Urahn der Vögel, wie wir sie heute kennen. Vögel können mit wenig auskommen, und in schwierigen Zeiten können sie zu einem Ort fliegen, an dem es ihnen besser geht. Die meisten Wissenschaftler sind sich heute darüber einig, dass die Vögel von Dinosauriern abstammen, deren Arme zu Flügeln geworden sind. Und jetzt, wo du das weißt, wirst du zustimmen, dass sie gar nicht wirklich ausgestorben sind. Die kleinen Dinosaurier sind einfach weggeflogen!

WIE KOMMT ES, DASS PFLANZEN UND BÄUME AUS EINEM KLEINEN SAATKORN WACHSEN?

Alys Fowler
Autorin von Büchern und Moderatorin von Fernsehsendungen
über Gartenthemen

Ich liebe Saatkörner. Mir gefällt die Vorstellung, dass aus einer Eichel eine Eiche entsteht oder dass aus einem stecknadelkopfgroßen Mohnsamen diese wundervolle, riesige und üppige Blüte wächst.

Aber nicht alle Samen sind winzig. Manche sind groß. Die Seychellennuss ist der größte Samen der Welt. Er misst 50 Zentimeter und wiegt bis zu 30 Kilo, und obwohl viele versucht haben, ihm reizvollere Namen wie Liebesnuss oder Meereskokosnuss zu geben, sollte er wirklich als Pavianhinternsamen bezeichnet werden, weil er genau so aussieht! Andere Saatkörner sind so klein, dass man sie kaum sehen kann, wie zum Beispiel die des Fleißigen Lieschens. Sie zu säen, ist harte Arbeit – eine einzige Brise, und alles fliegt davon.

Unabhängig von seiner Größe folgt alles Saatgut den gleichen gemeinsamen Prinzipien. Im Innern befindet sich ein Keimling (eine Art Babypflanze), der in eine Samenschale eingewickelt ist, die ihn schützen soll. Ein Samen erinnert ein

bisschen an ein Rätsel, das du nur mit einer Reihe von Schlüsseln lösen kannst. Diese Schlüssel sind Wasser, Wärme und Licht (die letzten beiden kommen von der Sonne). Wenn man alle Schlüssel zusammen hat, kann man die Samenschale öffnen, und der Keimling darin beginnt zu wachsen.

Die Samenschale ist deshalb verschlossen, damit die Pflanze nur zur richtigen Zeit im Jahr auskeimt. Niemand steigt im Winter gern aus dem Bett, und auch die meisten Samen haben darauf keine Lust. Das Saatgut sitzt im Boden und wartet auf die richtige Temperatur, die das Leben in Gang bringt. Es braucht Wasser, damit die harte Samenschale weich werden und der Keimling darin sie durchstoßen kann. Überleg mal, wie hart eine trockene Saatbohne ist, und stell dir dann vor, wie ein zarter Sämling durchbricht! Das kann er nur tun, wenn der Samen genug Wasser aufgenommen hat und die

Schale weich wird. So ähnlich, wie ein Waschlappen sich hart anfühlt, solange er trocken ist, weshalb man sich damit nicht gern das Gesicht waschen würde. Aber wenn man ihn in Wasser getaucht hat, wird er angenehm und weich.

Jedes Saatkorn enthält genug Nahrung für den kleinen Sämling, damit er gedeihen kann, daher braucht er zunächst kein Sonnenlicht. (Das ist der Grund, warum er unter der Erde wachsen kann.) Wenn er dann aber aus der Erde kommt, schenkt das Sonnenlicht ihm Energie, sodass sich der winzige Sämling mit der richtigen Menge an Wasser, Wärme und Nahrung schließlich in eine voll ausgewachsene Pflanze verwandeln kann.

WARUM ESSEN AFFEN GERN BANANEN?

Daniel Simmonds
Zoowärter im Londoner Zoo

Affen essen alles Mögliche – Obst, Gemüse, Körner, Blätter und sogar Insekten. Aber Bananen mögen sie besonders gern, weil sie sehr süß sind und so toll schmecken. So wie wir Menschen mögen auch Affen leckeres Essen, und Bananen gehören zu ihren Lieblingsspeisen.

Außerdem möchten Affen normalerweise so schnell wie möglich essen, damit die anderen Affen ihnen nicht ihr Essen wegnehmen. (Sie sind da sehr frech und stehlen einander häufig das Essen.) Bananen sind schön weich und matschig, daher können Affen sie schnell essen.

Die Affen essen Bananen auf ganz unterschiedliche Weise. Die besonders Gierigen essen die Bananen ganz, mitsamt der Schale. Andere schälen sie erst und essen nur die weiche Frucht im Innern. Einige Affen schaffen es nicht, die kräftige Schale aufzureißen, und sie rollen die Banane stattdessen kräftig hin und her, bis das Weiche aus den Enden herausquillt. Das ist zwar schlau, aber es ist auch eine sehr schmierige Art, Bananen zu essen!

Affen verbrauchen eine Menge Energie, weil sie viel herumklettern und laufen und sich von einem Ast zum anderen schwingen. Bananen enthalten etwas, das Fruktose genannt wird – das ist so etwas wie Zucker und gibt den Affen die Energie, die sie benötigen, um all das tun zu können.

IST DAS MENSCHLICHE GEHIRN DAS MÄCHTIGSTE DING AUF DER WELT?

Derren Brown
Illusionist

Ja! Alle erstaunlichen und mächtigen oder schrecklichen Dinge, die wir bewirken oder verursachen, hängen mit unserem Gehirn zusammen, das sie sich zuallererst einmal ausdenkt. Das Gehirn ermöglicht es, dass wir Gedanken und Sprache haben, und die führen dann zu den großen Erfindungen, zu Kriegen, Medizin ... zu allem, was wir uns nur vorstellen können.

Das Gehirn ermöglicht es, dass wir die Welt um uns herum spüren. Wenn wir uns das Knie aufschürfen oder eine Blume sehen, spürt nicht unser Knie, was geschehen ist, und auch unsere Augen sehen nicht selbst, was vor sich geht. Die Nachricht muss in unseren Kopf gelangen, um dort verarbeitet zu werden, und dann ist es unser Gehirn, das uns den Schmerz fühlen oder eine Blume sehen lässt. Unser Gehirn macht es auch möglich, dass wir etwas ganz Besonderes tun können, zu dem Tiere nicht fähig sind, und das ist *über uns selbst nachdenken*. Die Tatsache, dass wir mit unserem Gehirn über unser Gehirn nachdenken können, ist irgendwie verrückt, aber auch sehr schlau.

Wirklich aufregend ist, wie unsere Hirne uns Streiche spielen können. Es ist, als würdest du den Trick eines Zauberkünstlers sehen und denken, dass da etwas Unmögliches passiert – unser Gehirn kann uns auch im normalen Leben hereinlegen. So ist es möglich, dass wir Angst bekommen, wenn wir einen Film sehen, auch wenn wir gar nicht in Gefahr sind. Oder wir glauben, wir hätten einen Geist gesehen, obwohl das gar nicht stimmt. Manchmal sorgt auch eine gemeine Person dafür, dass wir uns schlecht fühlen. Wenn das passiert, kann es sein, dass wir anfangen zu denken: »Ich bin dumm, niemand mag mich«, oder: »Ich bin schlechter als alle anderen«, obwohl das gar nicht stimmt ... es ist nur unser Gehirn, das uns einen Streich spielt!

Wenn das passiert, können wir uns auf unsere Schädeldecke klopfen und unserem Gehirn sagen: BERUHIGE DICH. Verstehst du, unser Gehirn versucht uns zu helfen und uns zu beschützen, aber manchmal reagiert es einfach zu stark, besonders bei schlechten Sachen. Wenn das öfter passiert, gibt es zwei wirklich gute Möglichkeiten, nämlich über das Problem zu sprechen (das beruhigt unser Gehirn sehr), und ein Hobby zu finden, in dem wir gut sind (Malen, Musik, Mathematik, Zauberkunst, Sport, was auch immer) und das wir und unser Gehirn zusammen genießen können.

WAS IST GLOBALE ERWÄRMUNG?

Dr. Maggie Aderin-Pocock
Raumfahrtwissenschaftlerin

Heutzutage hören wir viel über die globale Erwärmung oder Klimaveränderung. Als Raumfahrtwissenschaftlerin konstruiere ich Maschinen, die uns helfen, zu verstehen, welche Veränderungen da vor sich gehen. Wenn wir einen Blick in die Vergangenheit werfen, sehen wir, dass das Klima unseres Planeten sich immer wieder verändert hat. Es gab Eiszeiten genauso wie Dürreperioden und Hitzewellen. Also warum sollten wir uns Sorgen machen?

Die Klimaveränderung, die wir heute erleben, ist deshalb problematisch, weil sie zu schnell vonstattengeht. Schneller, als das je zuvor der Fall war. Außerdem verändert sich das Klima dieses Mal nicht aufgrund natürlicher Ereignisse wie wegen Vulkanausbrüchen oder der Sonnenaktivität. Unser Klima verändert sich so schnell wegen der Dinge, die wir Menschen tun. Während unser technischer Fortschritt zunimmt, brauchen wir mehr und mehr Energie, damit unsere vielen Maschinen wie Autos, Flugzeuge und Computer funktionieren. Meine zweijährige Tochter schaut sich auf meinem iPad Videos an, das heißt, wir fangen schon in jungen Jahren damit an.

Um mehr Energie zu bekommen, verbrennen wir mehr fossile Brennstoffe wie Benzin für Autos oder Kohle oder Gas, um Strom zu erhalten. Dadurch bekommen wir die nötige Energie, aber es entstehen auch die Treibhausgase wie Kohlendioxid. Diese Gase befinden sich in der Atmosphäre unseres Planeten und halten von der Sonne kommende Wärme fest, sie verändern unser Wetter und lassen die Temperatur der Erde generell steigen. Dies mag gar nicht so schlecht klingen, aber die steigenden Temperaturen führen dazu, dass es mehr Überflutungen gibt, mehr Dürreperioden und dass die Lebensgrundlagen der Menschen sich weltweit verschlechtern.

Gibt es irgendetwas, das der einzelne Mensch dagegen tun kann? Dieses große Problem betrifft alle, die auf diesem Planeten leben, und wir können durchaus einiges tun, um etwas zu bewirken.

Energie sparen: Der Klimawandel wird durch unsere Nachfrage nach mehr Energie verursacht, deshalb hilft es, unseren Energieverbrauch zu senken, indem wir das Licht ausmachen, wenn wir es nicht brauchen, oder unsere Heizungen runterdrehen und Energiesparlampen benutzen.

Recyceln, wann immer es möglich ist: Um Materialien wie Karton, Glas und Plastik herzustellen, wird eine Menge Energie benötigt. Recyceln hilft, einen Teil dieser Energie einzusparen, indem wir bereits bestehende Materialien erneut benutzen.

Regional produzierte Lebensmittel essen: Wenn Lebensmittel von weit weg eingeflogen werden, wird eine Menge Energie dafür verbraucht, sie zu uns zu bringen. Wenn man regionale Lebensmittel isst, braucht man deutlich weniger Energie für den Transport. Mir fällt das sehr schwer. Ich esse sehr gern Bananen, aber die wachsen nicht in England, und daher versuche ich, zumindest weniger Bananen zu essen.

Weitersagen: Es handelt sich um ein weltweites Problem, und daher ist es gut, wenn möglichst viele Menschen einbezogen sind. Jeder von uns kann etwas ändern.

WIESO BEKOMME ICH SCHLUCKAUF?

Harry Hill
Komiker und ehemaliger Arzt

Ein Schluckauf entsteht durch Zuckungen des Muskels, der unter deiner Brust und über deinem Bauch liegt. Dieser dünne, trampolinähnliche Muskel befindet sich unterhalb der Lunge, und wenn er zuckt, bringt er dich dazu, ein bisschen Luft zu holen, was das Geräusch des Schluckaufs erzeugt. Diesen Muskel nennt man Zwerchfell.

Die meisten Menschen bekommen Schluckauf, wenn sie zu schnell gegessen oder etwas Kaltes oder Sprudelndes getrunken haben. Der Schock, den das in unserem Magen verursacht, bringt das Zwerchfell dazu, heftig zusammenzuzucken (genauso, wie du zusammenzucken würdest, wenn du einen Schock bekämst). Dadurch wird die Luft so schnell in die Lunge gezogen, dass sie an den Stimmbändern in unserem Hals vorbeirauscht und dieses »Hicks!«-Geräusch verursacht.

Das Zwerchfell zuckt danach einfach weiter. Die gute Nachricht ist, dass es sich normalerweise nach wenigen Minuten wieder beruhigt. Obwohl es einen berühmten Fall von einem unglücklichen Mann in Amerika gab, der 68 Jahre lang durchgehend Schluckauf hatte!

Die meisten Ärzte werden dir sagen, dass diese beschriebene Erklärung der Grund für den Schluckauf ist. Aber ich ziehe eine andere Theorie vor:

Wenn wir essen, wird das Essen im Magen aufgespalten, wo es stirbt und sein Geist frei wird. Man kann hören, wie dieser Speisegeist, der im Magen gefangen ist, jammert und sein Schicksal beklagt – das sind die Geräusche, die wie »Magenrumpeln« klingen.

Um zu leben, muss der Geist essen, und genau das tut er auch! (Tatsächlich ist so ein Magengeist bekanntermaßen ziemlich gierig.) Jedes Mal, wenn du einen Burger isst, ist dies für deinen Magengeist ein Festmahl. Während er isst, stirbt dieses Essen erneut und entlässt weitere Geister, die ebenfalls ihrerseits Essen essen, sterben und so weiter, was zu einem Magen führt, der mit lauter aufgebrachten Geistern prall gefüllt ist, die einfach nur endlich mal was anderes sehen wollen.

Nicht lange, und diese Geister begreifen, dass sie sehr viel mehr erreichen können, wenn sie ihre Kräfte bündeln. Die Gruppe wählt also einen Anführer und bildet ein Geisterkollektiv, das so zu einer Art Magen-SUPERGEIST wird! Wenn dieser Supergeist groß genug ist, setzt er eine Reihe Babygeister frei, die sich als SCHLUCKAUF bemerkbar machen! Schließlich explodiert der Supergeist – das nennen wir dann »rülpsen« –, und alles fängt von vorn an.

Das ist jedenfalls das, was ich gehört habe. Welche Geschichte hältst du für wahr?

WARUM FUNKELT DER WELTRAUM SO?

Sir Martin Rees
Königlicher Astronom

Schon seit der Zeit, da die Menschen noch in Höhlen lebten, schauen sie in dunklen Nächten zu den Sternen empor und wundern sich über die glitzernden Lichter, die wir als Sterne bezeichnen.

Unsere Vorfahren dachten, der Himmel sei eine riesige Kuppel über unseren Köpfen – und dass die Sterne daran befestigt seien, so wie die Lichter an einem riesigen Weihnachtsbaum. Wir haben inzwischen herausgefunden, wie unglaublich riesig das Universum ist, viel größer als unsere Vorfahren sich je vorstellen konnten. Die Sterne sind andere »Sonnen«, die alle so groß und so hell sind wie unsere eigene Sonne, aber sie wirken so klein und schwach, weil sie so viel weiter weg sind. Der nächste Stern ist so weit weg, dass selbst die schnellste Weltraumrakete hunderttausend Jahre brauchen würde, um ihn zu erreichen.

Astronomen wissen seit Jahrhunderten, dass die Erde und die anderen großen Planeten – Merkur, Venus, Mars, Jupiter, Saturn, Uranus und Neptun – allesamt in einem Orbit um die Sonne kreisen. Du fragst dich jetzt vielleicht, ob auch die anderen Sterne Planeten haben, die um sie kreisen, so wie es bei unserer Sonne der Fall ist. Bis in die 1990er Jahre hinein konnte niemand diese Frage beantworten. Aber Astronomen haben entdeckt, dass um die meisten Sterne, die wir am Nachthimmel sehen, Planeten kreisen. Ein paar von diesen Planeten sind so groß wie Jupiter, der »Riese« unseres Sonnensystems. Andere sind so groß wie die Erde.

Es ist schwierig, diese Planeten zu sehen, ganz besonders diejenigen, die nicht größer sind als die Erde. Sie sind millionenfach lichtschwächer als der Stern, um den sie kreisen. Es ist so ähnlich, als würde man nach einem Glühwürmchen suchen, das in der Nähe eines starken Scheinwerfers hockt. Aber irgendwann werden die Astronomen Teleskope haben, die so scharfe Bilder liefern, dass man diese Planeten sehen kann.

Du hast vermutlich etwas über die Planeten in unserem Sonnensystem gelernt. Wahrscheinlich kennst du Venus und Jupiter, und vielleicht auch die anderen Planeten. Aber über jeden Stern gibt eine ganze Menge zu lernen: von wie vielen Planeten er umkreist wird, wie groß diese Planeten sind, wie lange ein Jahr auf ihnen dauert und so weiter.

Und das führt uns zur faszinierendsten Frage überhaupt: Gibt es auf irgendeinem dieser anderen Planeten Leben? Und wenn ja, sind das dann nur Käfer oder Insekten oder könnte es irgendwo in weiter Ferne auch intelligente Außerirdische geben? Könnte einer dieser anderen Planeten so wie die Erde sein und von Menschen wie wir bewohnt werden, die einen dieser Sterne als ihre »Sonne« bezeichnen? Oder sind sie ganz anders als wir? Vielleicht gibt es dort Kreaturen mit sieben Tentakeln, vielleicht haben sogar Computer und Roboter die Herrschaft über die Wesen errungen, die sie gebaut haben?

Vielleicht werden einige Leser dieses Buchs uns Erdlingen helfen, herauszufinden, ob wir allein im Universum sind oder ob es dort draußen auf den Sternen Leben gibt.

Eines ist sicher. Du wirst weit mehr über das Universum und unseren Platz darin erfahren, als irgendein Astronom heute weiß.

WIESO KÖNNEN TIERE NICHT SO SPRECHEN WIE WIR?

Noam Chomsky
Linguist und Philosoph

Jedes Tier kann sich auf irgendeine Weise mit anderen Tieren seiner Art unterhalten – Schimpansen mit Schimpansen, Bienen mit Bienen und so weiter. Es ist nicht so, dass sie sprechen. Es kann sein, dass sie Rufe ausstoßen oder mit den Flügeln schlagen oder sonst etwas von den vielen Dingen tun, zu denen ein Tier in der Lage ist. Tiere können sich nicht auf unsere Weise miteinander unterhalten, und wir können gewöhnlich nicht auf ihre Art kommunizieren – auch wenn manche Leute Vogelrufe so gut nachahmen können, dass der Vogel darauf hereinfällt und glaubt, da sei tatsächlich ein anderer Vogel.

Bienen können anderen Bienen mitteilen, wie weit eine Blume entfernt ist, in welcher Richtung sie liegt und was für eine Blume es ist. Sie tun dies durch einen komplizierten Tanz, den wir nie nachahmen könnten. Und es wäre schwierig für uns, diese Information so genau weiterzugeben, wie Bienen es tun. Affen geben spezielle Rufe von sich, wenn sie denken, dass ein gefährliches Tier auf sie zukommt oder wenn sie hungrig sind oder etwas anderes mitteilen wollen. Und andere Tiere haben ähnliche Mittel.

Die menschliche Sprache ist in vielerlei Hinsicht ganz anders; es gibt in der Tierwelt nichts Vergleichbares. Tiere haben eine Art Liste mit Dingen, über die sie anderen etwas mitteilen können. Sie können dieser Liste nichts Neues hinzufügen. Menschen dagegen können sich neue Dinge sagen, etwas, das sie noch nie gehört haben und das vielleicht noch nie jemand gesagt hat, seit es Menschen gibt.

Menschen und andere Tiere können ein bisschen miteinander reden. Wenn du einen Hund hast, kannst du ihm beibringen, sich hinzusetzen, wenn du »Sitz!« sagst, oder auch etwas anderes, wenn du lange mit ihm übst. Eine Katze kann lernen zu miauen, wenn sie will, dass du etwas für sie tust. Aber diese Tiere verstehen nicht wirklich, was du sagst, und sie können etwas Neues nicht so verstehen, wie ein anderes Kind das kann.

Es gibt Vögel, die können den Gesang anderer Vögel oder auch menschliche Laute sehr gut nachahmen. Papageien kann man das sehr gut beibringen. Das klingt ein bisschen wie eine Sprache, aber sie benutzen die Sprache nicht so wie wir Menschen. Und wie andere Tiere können auch sie sich keine neuen Wörter ausdenken.

Einige Wissenschaftler, die mit Affen arbeiten, glauben, dass man ihnen die menschliche Sprache ein kleines bisschen beibringen kann. Andere – wie ich – glauben, dass sich diese Wissenschaftler etwas vormachen, und dass die Affen in Wirklichkeit etwas ganz anderes tun. Es ist eine interessante Frage, und vielleicht möchtest du mehr darüber lesen und erfahren. Wenn du älter bist, wirst du vielleicht in dieser Hinsicht etwas Neues entdecken. Es gibt immer noch eine Menge, das wir nicht verstehen – sowohl im Hinblick auf die menschliche Sprache als auch auf Tiere.

WOHER BEKOMMEN SCHRIFTSTELLER DIE IDEEN FÜR IHRE FIGUREN?

Dame Jacqueline Wilson
Schriftstellerin

Ich frage mich, wie viele Figuren ich in den hundert Büchern, die ich geschrieben habe, wohl erfunden habe? Es müssen Abertausende sein. Stell dir mal vor, sie würden alle lebendig werden und zu einer Feier in meinem Haus auftauchen! Ich wette, Tracy Beaker würde ganz vorne sein, alle anderen mit ihren Ellbogen zur Seite stoßen, um als Erste durch die Tür zu kommen. Hetty Feather würde in ihrer schlichten braunen Uniform kommen, und es würde mir sehr gefallen, ein hübsches Partykleid für sie auszusuchen. Scheue Mädchen wie Dolphin und Garnet und Beauty würden sich schüchtern im Hintergrund halten. Biscuits und Charlie würden vielleicht mit wunderbaren selbstgebackenen Kuchen auftauchen. Elsa würde einen Witz nach dem anderen erzählen, und Destiny würde für uns singen.

Ich kann sie alle sehen – aber natürlich sind sie nicht echt. Ich habe sie erfunden. Ich verwende nur selten echte Personen als Vorbilder für meine Figuren. Und mich selbst ganz bestimmt nicht. Meine Figuren entspringen meiner Fantasie.

Hast du dir jemals einen Fantasiefreund ausgedacht, als du

noch sehr klein warst? Hast du so getan, als wären deine Puppen und Teddys real, und hast du sie zur Teestunde versammelt und zu Bett gebracht? Genauso ist es, wenn man sich Figuren für Geschichten einfallen lässt. Ich könnte mich zum Beispiel entschließen, eine Geschichte über ein Mädchen zu schreiben, das in einem Kinderheim lebt und sich nach einer Adoptivfamilie sehnt. Sofort springt mir die wilde, lustige Tracy in den Kopf und sagt: »Hey, das bin ich! Schreib über mich.«

Du kannst ebenfalls deine eigenen Figuren erfinden. Stellen wir uns ein Mädchen vor, das von zuhause wegläuft. Wieso tut es das? Ist es so unglücklich – oder einfach nur ungezogen und will ein Abenteuer erleben? Ist das Mädchen schlau und einfallsreich, oder wird es in Panik geraten? Ist es groß oder klein – unscheinbar oder hübsch – laut oder so leise wie eine Maus? Wie soll es heißen? Wieso schreibst du nicht eine Geschichte über das Mädchen?

WIE FUNKTIONIEREN AUTOS?

David Rooney
Verkehrskurator am Science Museum in London

Autos bewegen sich, weil ihre Räder durch eine Maschine dazu gebracht werden, sich zu drehen. Wenn die Räder sich drehen, haften die Gummireifen auf der Oberfläche der Straße, und das Auto fährt. Aber wie kommt es, dass die Räder sich drehen?

Nun, zuerst müssen wir zur Tankstelle und etwas Treibstoff in das Auto geben. Das wird wahrscheinlich Benzin oder Diesel sein, was für das Auto wie Nahrung ist. Der Treibstoff kommt aus einem Schlauch, den wir in ein Loch an der Seite des Autos stecken. Das hast du sicherlich schon gesehen. Er riecht nicht sehr gut.

Wenn der Treibstoff im Auto ist und wir es starten, wird er in den Motor des Autos gesaugt. Der Motor ist das lärmige komplizierte Ding vorne am Auto. Nun verbrennt immer ein bisschen etwas von dem Treibstoff und erzeugt eine kleine Explosion, die eine Welle im Innern der Maschine dazu bringt, sich zu drehen. (Eine Welle ist wie ein Stift geformt, aber sie besteht aus Metall und ist sehr viel größer und stärker – und du kannst keine Hausaufgaben damit schreiben.)

Der Trick bei Autos besteht darin, die sich schnell drehende

Welle im Motor mit den Rädern unterhalb des Autos zu verbinden, sodass sich das Auto von der Stelle bewegt. Das ist kompliziert, weil die Maschine meistens sehr schnell läuft, aber wir ja vielleicht wollen, dass sich das Auto entweder sehr schnell oder sehr langsam bewegt. Also gibt es eine andere Maschine zwischen dem Motor und den Rädern, die Getriebe genannt wird. Es hilft, dieses Problem zu lösen.

Also, wir haben es jetzt geschafft, dass sich unser Auto bewegt, aber das ist erst der Anfang. Wir müssen noch nach links oder rechts abbiegen können, je nachdem, wohin wir wollen. Dies können wir erreichen, indem wir das Lenkrad bewegen. Dadurch zeigen die Vorderräder nach links oder rechts, und das Auto fährt dann in die entsprechende Richtung.

Tja, schön und gut, dass wir es geschafft haben, uns in Bewegung zu setzen und zu lenken, aber wir müssen auch in der

70

Lage sein, das Auto zu bremsen oder anzuhalten. Das geschieht mit den Bremsen. Wenn du Fahrrad fährst, weißt du, dass du die Räder verlangsamen kannst, indem du einen Hebel betätigst, der die Gummiblöcke entweder gegen die Räder oder eine Metallscheibe, die an der Nabe befestigt ist, drückt. Beim Auto ist es ziemlich ähnlich.

Wenn du das nächste Mal in einem Auto mitfährst, schau dir mal all die Schalter und Hebel und Knöpfe und Griffe an, die der Fahrer bedienen muss. Sie sind nicht alle dafür da, dass das Auto fährt, gelenkt und angehalten wird. Es gibt noch jede Menge andere Dinge, die zu einem Auto dazugehören, von der Heizung bis zur Klimaanlage, vom Licht bis zur Zentralverriegelung, vom Musiksystem bis zu den Scheibenwischern.

Wenn man genau hinsieht, sind Autos so kompliziert, dass es eigentlich erstaunlich ist, dass sie überhaupt funktionieren.

WARUM KANN ICH MICH NICHT SELBST KITZELN?

David Eagleman
Neurowissenschaftler

Es ist seltsam, oder? So sehr du auch versuchst, dich selbst zu kitzeln, es geht nicht – nicht einmal an den Fußsohlen oder unter den Armen.

Um zu verstehen, warum das so ist, musst du etwas mehr darüber wissen, wie dein Gehirn funktioniert. Eine seiner Hauptaufgaben besteht darin, so gut wie möglich einzuschätzen, was als Nächstes passieren wird. Während du darauf konzentriert bist, mit deinem Leben zurechtzukommen, die Treppe hinunterzugehen oder dein Frühstück zu essen, sind Teile deines Gehirns die ganze Zeit damit beschäftigt, die Zukunft vorauszusagen.

Erinnerst du dich noch daran, wie es war, als du Fahrradfahren gelernt hast? Zuerst hast du viel Konzentration aufbringen müssen, um die Lenkstange gerade zu halten und in die Pedale zu treten. Aber nach einer Weile wurde es einfacher.

Jetzt bist du dir der Bewegungen gar nicht mehr bewusst, die du beim Radfahren machst. Aus der Erfahrung weiß dein Gehirn genau, was es zu erwarten hat, und so fährt dein Körper automatisch. Dein Gehirn sagt alle Bewegungen voraus, die du machen musst.

Du musst nur dann bewusst über das Fahrradfahren nachdenken, wenn sich etwas ändert – wenn zum Beispiel starker Wind aufkommt oder dein Rad einen Platten hat. Wenn etwas derart Unerwartetes passiert, ist dein Gehirn gezwungen, seine Voraussagen über das, was als Nächstes geschehen wird, zu ändern. Wenn es seine Sache gut macht, wirst du dich an den starken Wind anpassen und deinen Körper nach vorn beugen, damit du nicht stürzt.

Wieso ist es für unser Gehirn so wichtig, vorauszusagen, was als Nächstes geschehen wird? Es hilft uns, weniger Fehler zu machen und kann uns sogar das Leben retten.

Wenn zum Beispiel ein Feuerwehrhauptmann ein Feuer sieht, trifft er sofort Entscheidungen, wie er seine Männer am besten einsetzt. Seine bisherigen Erfahrungen helfen ihm, vorauszusehen, was passieren könnte, und so kann er sich für den besten Plan entscheiden, um den Brand zu löschen. Sein Gehirn kann sofort vorhersagen, worauf die unterschiedlichen Pläne hinauslaufen würden, und er kann alle schlechten oder gefährlichen Pläne beiseiteschieben, ohne seine Männer im wirklichen Leben in Gefahr zu bringen.

Also, wie beantwortet all das deine Frage über das Kitzeln?

Du kannst dich nicht selbst kitzeln, weil dein Gehirn immer deine Taten voraussieht und weiß, wie dein Körper sich als Ergebnis davon fühlen wird. Andere Leute können dich kitzeln, weil sie dich überraschen können. Du kannst nicht vorhersehen, wie ihre Kitzeleien sein werden.

Und dieses Wissen führt uns zu einer interessanten Tatsache: Wenn du eine Maschine bauen könntest, die dir die Möglichkeit gäbe, eine Feder zu bewegen, wenn sich die Feder aber auch nur eine Sekunde verzögert bewegte, dann *könntest* du dich kitzeln. Die Ergebnisse deiner eigenen Handlungen würden dich jetzt überraschen.

WER HATTE DAS ERSTE HAUSTIER?

Celia Haddon
Autorin und Kummerkastentante für Menschen, die Probleme
mit ihren Haustieren haben

Wir kennen den Namen des Menschen nicht, der das erste
Haustier besessen hat. Aber es ist sehr wahrscheinlich, dass
das erste Haustier ein Hund war. Hunde haben schon vor
Tausenden von Jahren angefangen, mit Menschen zusammenzuleben – manche Forscher glauben, dass es vor 40 000 Jahren
war. Vielleicht folgten ein paar streunende Hunde einfach den
menschlichen Stämmen, die auf die Jagd gingen und Nahrung
sammelten. Aber vielleicht wurden auch einige von ihnen wie
Haustiere behandelt, wie Kameraden, die den Menschen bei
der Jagd halfen.

Eines der ersten Haustiere, von dem wir etwas wissen, war
ein Hündchen, das vor 10 000 oder 12 000 Jahren im Grab eines Menschen beerdigt wurde, und zwar in dem Land, das
heute Israel heißt. Im gleichen Grab befand sich eine Frau, deren Hand auf dem Körper des kleinen Hundes ruhte, fast so,
als würde sie ihn streicheln. Vielleicht wollte sie ihn als Kameraden im Himmel oder in der nächsten Welt bei sich haben.

Auch die alten Ägypter hielten Hunde als Haustiere. Es gibt
Grabsteine mit Bildern der Tiere, manchmal stehen auch die

Namen dabei. Sie hießen Ebenholz, Schwarz und Groß. Die Römer hatten ebenfalls Hunde und gaben ihren kleinen Haustieren Namen wie Perle, Püppchen oder Winzling.

Katzen leben vermutlich seit der Jungsteinzeit in der Nähe von Menschen, die damals anfingen, Ackerbau zu betreiben. Die erste Katze, die möglicherweise ein Haustier war, wurde vor 9000 Jahren auf einer Insel, die wir heute Zypern nennen, in einem eigenen kleinen Grab beerdigt. Etwa 40 Zentimeter von dem Katzengrab entfernt befand sich ein Menschengrab. Möglicherweise hat die Katze diesem Menschen gehört.

Die alten Ägypter hielten Katzen als Haustiere, und wir kennen den Namen von einem der ersten Katzenliebhaber. Er wurde Baket III. genannt und lebte vor etwa 4000 Jahren. Auf seinem Grab war das Relief einer Katze abgebildet, die einer Ratte gegenübersteht! Es war eine sehr kleine Katze oder aber eine sehr große Ratte, denn beide waren etwa gleich groß.

Die alten Griechen und Römer haben ebenfalls Reliefs, Gemälde und Mosaiken von Katzen angefertigt. Leider standen darauf keine Namen, genauso wenig wie bei den meisten Reliefs der alten Ägypter. Daher kennen wir die Namen dieser Tiere also nicht mehr.

WIESO SIND PLANETEN RUND?

Professor Chris Riley
Sachbuchautor und Moderator von Fernsehsendungen
über Astronomie und Raumfahrt

Dass die Erde rund ist, wissen wir, seit es dem portugiesischen Entdecker Ferdinand Magellan im Jahre 1519 gelang, um sie herumzusegeln, ohne hinunterzufallen. Mittlerweile wurde die Erde natürlich auch aus dem Weltraum gesehen; zunächst von Satelliten, dann aber auch von Menschen.

1961 ist Yuri Gagarin als erster Mensch um die Erde herumgeflogen, und zwar in genau 108 Minuten. Im Laufe des folgenden Jahrzehnts flogen 24 Astronauten zum Mond und konnten aus einer Entfernung von mehr als 380 000 Kilometern mit eigenen Augen auf ihren runden, blauen Heimatplaneten blicken. Die Erde, der Mond und alle Planeten in unserem Sonnensystem, die wir mit unseren Raumsonden erforscht haben, sind ebenfalls rund – oder kugelförmig.

Um zu verstehen, warum alle Planeten rund sind, müssen wir in die Vergangenheit reisen. Wir müssen bis zu dem Zeitpunkt zurückgehen, an dem die Erde und die Sonne sich noch nicht gebildet hatten. Wir treiben im Weltraum, hoch über einer riesigen Wolke aus Gas und Staub. Diese Wolke ist wirklich riesig. Sie ist so groß, dass wir ihre Ränder nicht sehen können.

Sie besteht hauptsächlich aus Wasserstoff und Helium, ein paar anderen Elementen und chemischen Verbindungen.

Wenn wir die Zeit jetzt wieder voranschreiten lassen, sehen wir, wie eine Druckwelle durch die Wolke geht. Diese Druckwelle wurde von einem benachbarten Stern erzeugt, der kurz zuvor am Ende seines Lebens explodiert ist. Während die Welle durch die Wolke hindurchgeht, presst sie den Staub und die Gase zusammen, wühlt sie auf und hinterlässt riesige, herumwirbelnde Stellen.

Diese rotierenden Flecken aus Gas und Staub sind ein bisschen dichter als ihre Umgebung. Daher fangen sie an, weiteres Material zu sich heranzuziehen. Diese Anziehungskraft um sie herum nennt man Schwerkraft. Je größer die wirbelnden Klumpen werden, desto stärker wird auch ihre Schwerkraft. Sie wachsen schnell, und manche stoßen zusammen oder werden zueinandergezogen, sodass sie noch größere wirbelnde Klumpen bilden. Die stärker werdenden Anziehungskräfte, die gleichmäßig zu ihrer jeweiligen Mitte hinziehen, sorgen dafür, dass diese jungen Planeten schnell eine runde Form bekommen.

Nun, du hast sicher bemerkt, dass der Planet, auf dem du lebst, nicht vollkommen rund ist. Berge und Täler machen die Erdoberfläche uneben. Dir ist aber auch sicher aufgefallen, dass es keine Berge gibt, die in den Weltraum hineinragen. Die Schwerkraft zieht alles gleichmäßig zum Zentrum und sorgt dafür, dass Berge, die zu groß werden könnten, wieder in das heiße, matschige Erdinnere zurücksinken, sodass der Planet seine kugelförmige Form beibehält.

Naja, so gut wie kugelförmig. Moderne Messungen haben ergeben, dass die Erde nicht ganz kugelförmig ist. Durch die

Rotation des Planeten wird der Äquator gegen die Schwerkraft geschleudert, sodass die Kugel leicht gequetscht wird. Im Fall der Erde führt dieser Effekt dazu, dass ihr Durchmesser am Äquator etwa 40 Kilometer größer ist als an den Polen.

KANN EINE BIENE EINE BIENE STECHEN?

Dr. George McGavin
Experte für Insekten

Ja, das kann sie. Es gibt auf der ganzen Welt etwa 20 000 verschiedene Bienenarten. Schauen wir uns der Einfachheit halber nur die Honigbienen und die Hummeln an. Obwohl es Arten ohne Stachel gibt, besitzen die weiblichen Bienen üblicherweise einen, um ihr Bienenvolk gegen Feinde zu verteidigen, die ihren Honig stehlen oder sogar die Bienen fressen könnten. Männliche Bienen haben keinen Stachel und tun im Bienenstock nichts, abgesehen davon, dass ein paar von ihnen sich mit der Bienenkönigin paaren.

Honigbienen greifen Arbeiterbienen aus anderen Bienenvölkern an, wenn diese versuchen, in den Stock einzudringen, aber eine Honigbienenkönigin sticht nur konkurrierende Königinnen und tötet sie. Eine frisch geschlüpfte Königin durchsucht die Zellen des Stocks nach anderen Königinnen, und wenn sie welche findet, sticht sie zu.

Auch Hummeln greifen Arbeiterbienen von anderen Völkern an. Sie können sie stechen, sodass sie sterben, aber normalerweise beißen und verjagen sie sie. In manchen Fällen kommt es vor, dass Eindringlinge sich im Nest verstecken und als neue Mitglieder des Bienenvolkes anerkannt werden.

Hummeln bekämpfen und stechen einander auch im Nest. Der Grund dafür ist kompliziert, aber es geht im Wesentlichen darum, die Anzahl der männlichen Hummeln im jeweiligen Volk zu beschränken. Wieso das notwendig ist? Weil die Arbeiterhummeln unfruchtbare Eier legen und diese sich zu Männchen entwickeln könnten, während das Volk in Wirklichkeit Arbeiterinnen braucht.

Für große Räuber wie etwa riesige Hornissen haben die Arbeiterbienen einiger Honigbienenarten eine besondere Tötungstechnik entwickelt. Hunderte von ihnen bilden eine Kugel rund um die Hornisse, und während sie ihre Flügelmuskeln vibrieren lassen, steigen die Temperatur und der Kohlendioxidgehalt im Innern der Kugel so stark an, dass die Hornisse stirbt.

WARUM KOCHEN WIR UNSERE NAHRUNG?

Heston Blumenthal
Starkoch

Natürlich müssen wir unser Essen nicht kochen. Bevor die Menschen vor etwa eineinhalb oder zwei Millionen Jahren das Feuer entdeckt haben, haben sie Beeren und Nüsse und andere Sachen gegessen, die sie nicht kochen mussten, wie die wilden Tiere. Sie haben auch rohes Fleisch und Fisch gegessen, was vermutlich nicht gerade toll war – ziemlich zäh und nicht sehr lecker.

Seltsamerweise scheint aber selbst nach der Entdeckung des Feuers noch viel Zeit vergangen zu sein – Tausende von Jahren –, bis die Menschen begriffen haben, dass sie es zum Kochen benutzen können! Feuer haben sie vor allem gemacht, um wilde Tiere abzuschrecken. Einige Wissenschaftler nehmen an, dass eines Tages ein Stück rohes Fleisch oder Fisch ins Feuer gefallen sein muss. Nach einer Weile haben die Menschen dann bemerkt, wie gut es riecht, haben es probiert und erkannt, dass die Hitze es viel schmackhafter gemacht hat. Das Kochen war geboren, und schließlich haben alle damit angefangen, weil es drei wichtige Auswirkungen auf unser Essen hat.

Zunächst einmal macht Kochen viele harte, rohe Nahrungsmittel weicher, wodurch es einfacher ist, sie zu essen. Nimm zum Beispiel die Kartoffel. Sie ist zunächst einmal eine feste Knolle, aber durch Kochen kann sie in eine weiche, lockere und breiige Kartoffel verwandelt werden. Zudem macht das Kochen unser Essen ungefährlicher. Manchmal sind in der rohen Nahrung Mikroben enthalten, die uns krank machen können. Die meisten Mikroben mögen allerdings keine sehr hohen Temperaturen. Kochen tötet sie ab, weshalb sie uns nicht schaden können.

Und schließlich – das ist das Aufregendste für einen Chefkoch wie mich – kann Kochen Essen in etwas verwandeln, das herrlich aussieht, wunderbar riecht und köstlich schmeckt. Hitze verändert, was sie berührt. Stell dir Holz oder Kohle in einer Feuerstelle vor, wie sie zu Asche wird. Oder eine Kerze, die langsam dahinschmilzt. Bei Nahrungsmitteln verbessert die Hitze nicht nur die Beschaffenheit, sondern sie löst die Zutaten der Nahrung auch in Partikel auf, die alle voller Geschmack sind. Das führt dazu, dass die verschiedenen Zutaten miteinander reagieren und einen neuen Geschmack erzeugen. So kann sich eine pinkfarbene, glitschige Wurst in etwas Braunes, Saftiges und Köstliches verwandeln, und aus einem blassen Teigklecks kann ein duftender Brotlaib werden, den man dann noch einmal erhitzen kann, sodass er zu dieser knusprigen Toastscheibe wird, die du zum Frühstück isst.

Ich habe schon als Kind mit dem Kochen angefangen, und es ist immer noch eine Art Magie für mich. Es ist verblüffend zuzusehen, wie diese Verwandlungen geschehen – und noch verblüffender ist es, die fertigen Gerichte zu essen.

WIE MACHT MAN WEITER, WENN MAN BEI EINEM SPORTWETTKAMPF VERLOREN HAT?

Dame Kelly Holmes
Sportlerin und zweifache Goldmedaillen-Gewinnerin

Zuerst einmal ist es wichtig zu wissen, dass jeder bei irgendetwas verliert und dass es vollkommen in Ordnung ist, wenn man bei einem sportlichen Wettkampf oder bei einem Wettrennen verliert. Auch ich habe in meiner Sportkarriere nicht alle Wettläufe gewonnen. In der Grundschule habe ich gerne mitgemacht, und auch wenn ich nicht immer gewonnen habe, habe ich versucht, beim nächsten Rennen besser zu sein.

Als ich mein erstes großes Rennen gelaufen bin, war ich zwölf, und ich wurde Zweite. Ich war enttäuscht, aber auch wild entschlossen, es beim nächsten Mal noch besser zu machen, weil ich gewinnen wollte. Es ist in Ordnung, enttäuscht zu sein, denn das bedeutet einfach nur, dass man es wirklich besser machen will.

Merke dir, dass es nicht immer ein Versagen ist, wenn du nicht gewinnst. Viel wichtiger ist es, sich Ziele zu setzen. Vor einem Rennen oder einem Training setzte ich mich normalerweise mit meinem Trainer zusammen, und wir formulierten ein Ziel: entweder eine Zeit, die ich zu laufen versuchte, oder eine Strategie, wie ich das Rennen angehen wollte. Es spielte keine Rolle, wie viele andere vor mir waren. Es genügte, das Ziel zu erreichen, das ich mir mit meinem Trainer gesetzt hatte.

Wenn du dich auf deine Ziele konzentrierst, wirst du dich von Mal zu Mal verbessern.

Wichtig ist auch zu wissen, dass du ein Wettrennen oder einen Wettkampf, von dem du glaubst, dass du ihn leicht gewinnen kannst, als Möglichkeit nutzen solltest, dich selbst herauszufordern – das gilt natürlich auch, wenn du Teil eines Teams bist. Du kannst diesen Wettkampf als Prüfung nutzen, sodass du beim nächsten Mal, wenn du stärkere Gegner hast, besser bist.

Niemand gewinnt über Nacht. Du musst sehr hart trainieren und daran denken, auch die Dinge zu üben, die dir nicht so gefallen. Zum Beispiel musste ich während meiner Sportkarriere bestimmte Übungen wieder und wieder machen, was sehr langweilig werden kann. Aber ich wusste, dass sie mir helfen würden, schneller zu werden. Du verlierst nur dann, wenn du nicht hundert Prozent in dein Training und den Wettkampf gesteckt hast, denn dann kannst du spüren, dass du dich selbst enttäuscht hast.

Die Hauptsache ist aber: Vergiss nicht, dass Sport Spaß machen soll, denn das ist der eigentliche Grund, warum du ihn machst.

WARUM GIBT ES KRIEGE?

Alex Crawford
Kriegsberichterstatterin

Kriege gibt es, weil die Menschen nicht genug miteinander reden. Ich habe mit militanten Kämpfern in Afghanistan gesprochen, die den Westen hassen. Ich komme aus dem Westen, wie vielleicht auch du. Der Westen ist der Teil der Welt, zu dem auch Großbritannien und Amerika gehören. Afghanistan ist ein Land, in dem britische und amerikanische Soldaten seit Jahren gegen die Taliban kämpfen. Wenn mir Taliban-Kämpfer begegnen, sind sie verblüfft, weil ich oft nicht nur der erste Mensch, sondern auch die erste Frau aus dem Westen bin, die sie kennenlernen.

Wenn wir anfangen, über unsere Familien und unsere Kinder zu sprechen und über das, was viele Menschen im Westen über sie und den Krieg denken, verändert sich ihre Einstellung mir gegenüber. Wir begreifen, dass wir uns gar nicht so sehr voneinander unterscheiden und wahrscheinlich nach den gleichen Dingen streben. Wir wollen alle Frieden.

Die meisten Kriege entscheiden, weil die Regierungen, die für uns entscheiden, Angst haben. Es ist ein bisschen so, wie wenn du ganz allein auf dem Spielplatz bist, weil dein Spielkamerad gerade nicht da ist, und die andere »Bande« anfängt, dich zu beschimpfen. Was würdest du da am liebsten tun? Ich wette, dass dir manchmal danach ist, sie genauso zu beschimpfen. Und wenn ihr dann einen Streit anfangt, ist es wirklich sehr, sehr schwer, als Erster aufzuhören und zuzugeben, dass man Unrecht hat. Bei unterschiedlichen Ländern ist es ganz genauso.

WIESO GEHEN WIR AUF DIE TOILETTE?

Adam Hart-Davis
Autor

Nun, ich gehe, wenn ich gehen möchte – und manchmal ist es sogar ziemlich dringend.

Du musst aus ziemlich verschiedenen Gründen pinkeln und deinen Darm entleeren. Du musst pinkeln, wenn deine Blase voll ist. Deine Blase ist so etwas wie ein schlaffer Hautbeutel im unteren Teil deines Bauches. Pipi (oder Urin) sammelt sich in der Blase und füllt sie, so wie ein Ballon sich mit Luft füllt, wenn du hineinpustest.

Wenn die Blase fast voll ist, schickt sie ein Warnsignal an dein Gehirn, das dafür sorgt, dass du pinkeln willst. Die Blase wird durch einen elastischen Ring zusammengehalten, den man Schließmuskel nennt und der einem festen Gummiband ähnelt, das um den Hals eines Luftballons gebunden ist. Wenn du zur Toilette gehst, kannst du das elastische Band entspannen und den Ring öffnen. Dann kann der Urin herausfließen.

Um in deinem Körper Muskeln aufzubauen und zu erhalten, musst du jeden Tag Eiweiß – Proteine – zu dir nehmen. Eiweiß ist zum Beispiel in Eiern und in Milch, Fisch, Fleisch, Käse und Bohnen. Dein Körper zerlegt die Proteine in diesen Lebensmitteln und baut aus ihnen sein eigenes Protein auf, so ähnlich wie bei einem Legobausatz. All diese Proteine enthalten ein Element, das Stickstoff genannt wird und das du für deine Muskeln benötigst.

Das Problem ist, dass du zu viel davon essen musst, um sicherzugehen, dass du genug davon hast, und dass dieses Zuviel an Stickstoff ein bisschen giftig ist, was bedeutet, dass du es wieder loswerden musst. Dein Körper tut das, indem er es zur Leber schickt, wo es in eine Chemikalie namens Harnstoff verwandelt wird. Wenn du viel Wasser trinkst, wird der Harnstoff in deinem Blut zu deinen Nieren hinuntergespült. Die Nieren filtern alle Chemikalien aus, die weiterverwendet werden können, und lassen den Harnstoff in Wasser aufgelöst zurück – das ist der Urin.

Vögel können nicht allzu viel Wasser trinken, denn dann würden sie zu schwer zum Fliegen. Sie werden den Stickstoff los, indem sie statt Harnstoff Harnsäure herstellen. Harnsäure ist ein weißes, festes Material, weshalb Vögel nicht pinkeln, sondern Haufen machen, die teilweise weiß sind.

Stuhlgang hast du aus zwei wichtigen Gründen. Erstens musst du die unverdaulichen Ballaststoffe loswerden, die von den festen Teilen der Pflanzen stammen. Überall hören wir, dass wir viele Ballaststoffe essen sollen, und auf den Verpackungen von Nahrungsmitteln steht, wie viele Ballaststoffe in ihnen enthalten sind. Den größten Teil deiner Nahrung verdaust du in deinem Dünndarm, einem Schlauch, der so breit wie dein Daumen und etwa fünf oder sechs Meter lang ist. Der Dünndarm schiebt das Essen weiter, und das geht viel leichter, wenn Stücke aus festen Fasern im Essen sind, gegen die man gut drücken kann. Obwohl du also die Ballaststoffe nicht verdauen kannst, helfen sie, den Rest der Nahrung zu verdauen.

Du hast auch deshalb Stuhlgang, um die Reste von alten Blutzellen loszuwerden. Blutzellen transportieren Sauerstoff von deiner Lunge an alle Stellen in deinem Körper, damit dein Gehirn und deine Muskeln arbeiten können. Der Sauerstoff wird über eine Chemikalie transportiert, die Hämoglobin genannt wird. Wenn das Hämoglobin sein Verfallsdatum überschritten hat, wird es vom Blut zur Leber gebracht, die einerseits die Stücke sammelt, die wiederverwendet werden können, und andererseits die Reste wegschickt, damit sie Teil des Stuhls werden. Wenn Hämoglobin sich erschöpft, verwandelt es sich in eine braune Chemikalie namens Bilirubin. Sie färbt den Stuhl braun.

Und deshalb musst du zur Toilette gehen.

WIESO BRÜLLEN LÖWEN?

Kate Humble
Moderatorin von Tiersendungen im Fernsehen

Stell dir vor, du hast morgens Schulsport und findest deine Sportschuhe nicht. Du hast schon überall nachgesehen: im Kleiderschrank, unter deinem Bett, auf dem Fensterbrett, weil sie dein Schlafzimmer vollgestunken haben. Nichts. Du zerrst alles aus deinem Kleiderschrank, schüttest die Schultasche aus, wirfst den Hundekorb um, für den Fall, dass der Hund sie gestohlen hat. Aber sie sind vollkommen verschwunden. Was tust du also? Du rufst nach deiner Mama. »Mama!«

Sie hört dich nicht. Du versuchst es noch einmal, diesmal etwas lauter: »MAMA!«

Aber sie ist in der Küche und spült, und im Radio läuft ein Lied, bei dem sie mitsingt. Also holst du tief, ganz tief Luft und schreist, so laut du kannst: »MAAAAMAAAA!«, und dann hörst du, wie sie zu dir gelaufen kommt; sie ist ein bisschen in Panik, weil sie glaubt, dass du die Treppe runtergefallen bist und dir beide Beine gebrochen hast. Was offensichtlich nicht der Fall ist. Aber du hast sie auf dich aufmerksam gemacht. Du hast mit ihr kommuniziert.

Alle Tiere kommunizieren miteinander. Primaten wie Affen und Gorillas benutzen dabei ähnliche Methoden wie wir. Sie

91

machen Geräusche, können aber auch ihre Gesichter verziehen und gestikulieren. Marienkäfer halten sich durch ihre Farbe Räuber vom Leib. Ihre rotschwarzen Flügeldecken wirken wie ein Warnzeichen, das sagt: »Bleib weg. Ich bin gefährlich.«

Delfine klicken und quietschen, plantschen mit ihren Schwänzen an der Meeresoberfläche herum oder springen hoch aus dem Wasser und stürzen sich mit einem Bauchklatscher wieder hinein. Ein Delfin-Bauchklatscher ist genauso, wie wenn du auf Facebook bist und allen deinen Freunden sagst, dass du gerade die neueste Single deiner Lieblings-Boygroup gehört hast und sie einfach hammermäßig ist. Abgesehen davon, dass Delfine sich mehr für Fische als für Boygroups interessieren. Und Löwen? Sie grummeln, ächzen, knurren, fauchen, zischen, spucken, miauen, brummen, schnaufen und BRÜLLEN natürlich auch.

In der freien Wildbahn leben die meisten Löwen in Afrika, und zwar normalerweise auf großen, offenen Grasflächen, die wir als Savanne kennen. Sie leben in Gruppen, die als Rudel bezeichnet werden und meist aus ein bis zwei Männchen und vier oder fünf Weibchen bestehen. Jedes Rudel hat sein Revier, das besonders die Männchen verteidigen, um sicherzustellen, dass kein anderer Löwe daherkommt und ihnen entweder die Antilope (die sie gerne fressen möchten) oder ihre Weibchen stiehlt. Häufig sind diese Reviere sehr groß, und zu brüllen ist eine Möglichkeit, sie zu verteidigen und andere Löwen wissen zu lassen, dass sie gerade das Gebiet eines anderen Männchens betreten.

Wenn ein männlicher Löwe einem Rivalen direkt gegenübersteht, brüllt er, um ihn zu verscheuchen. Brüllen ist auch

eine nützliche Methode, mit dem Rest des Rudels in Kontakt
zu bleiben – so etwas wie Simsen, nur lauter. Ein Löwe, der
wirklich protzen will, kann FÜNF MEILEN von deinem Haus
entfernt brüllen, und du hörst ihn immer noch.

Aber ein Löwe wird dir nicht helfen, deine Sportschuhe zu
finden. Das kann nur deine Mama.

WARUM GIBT ES GELD?

Robert Peston
Leitender Wirtschaftsredakteur von BBC News

Stell dir vor, es gäbe kein Geld. Alles wäre furchtbar kompliziert. Zum Beispiel: Du hast vor, eine Pizza zu kaufen. Du gehst also in die Pizzeria und bestellst. Aber denk dran, dass es ja kein Geld gibt. Wie also willst du die Pizzabäckerin dazu bringen, dir eine Pizza zu geben? Nun, genau wie du braucht auch die Pizzabäckerin bestimmte Dinge oder möchte etwas haben. Vielleicht tauscht sie dir eine leckere Pizza gegen etwas ein, das du besitzt oder tun kannst. Wenn du aber gar nichts hast, was die Pizzabäckerin brauchen kann, wirst du die Pizza nicht bekommen – was ziemlich enttäuschend wäre, oder?

Und jetzt stell dir das Ganze aus der Sicht der Pizzabäckerin vor. Die Pizzabäckerin braucht Mehl und Tomaten und Käse, um die Pizza zu machen. Aber wie soll sie einen Bauern in einer Welt ohne Geld dazu bringen, sie mit Mehl und Tomaten und Käse – also mit all dem, was sie braucht – zu versorgen? Sie könnte ihm natürlich als Gegenleistung Pizzen anbieten. Aber so lecker die Pizzen auch sein mögen, der Bauer will vermutlich nicht tagtäglich Pizza essen.

Aus diesem Grund haben wir das Geld erfunden. Ja, wir haben es erfunden. Es ist nicht vom Himmel gefallen. Es wächst auch nicht im Garten. Wir haben einfach vor Tausenden von Jahren entschieden, dass kleine Stücke Metall einen bestimmten Wert haben sollen und dass diese Metallstücke gegen all die Dinge eingetauscht werden können, die wir haben wollen. Heutzutage gibt es Geld in vielen verschiedenen Formen: aus Papier, als Plastikkarte oder nur elektronisch. Aber das Wesentliche am Geld ist, dass es etwas ist, dessen Wert wir alle akzeptiert haben. Deshalb kann es gegen die Dinge eingetauscht werden, die wir haben möchten.

Die Pizzabäckerin ist glücklich, wenn sie von dir Geld als Gegenleistung für eine Pizza bekommt, denn sie weiß, dass der Bauer dieses Geld für die Zutaten nehmen wird, und der Bauer weiß, dass er mit dem Geld kaufen kann, was er möchte (zum Beispiel Saatgut und Düngemittel).

Geld ist eines der erstaunlichsten Dinge, die wir erfunden haben, auch wenn niemand weiß, wer der geniale Erfinder war.

WER HAT DAS ALLERERSTE BUCH GESCHRIEBEN?

Professor Martyn Lyons
Historiker

Das ist so lange her, dass es niemand mehr weiß. Es ist ein Rätsel. Aber ich kann dir etwas über ein paar der allerersten Bücher erzählen.

Sie bestanden nicht aus Papier. Vor langer Zeit wurden Bücher in China aus Bambusholzstöckchen hergestellt. Diese Stöckchen wurden mit einem Faden miteinander verbunden. Dann schrieben die Menschen auf die Stöckchen, aber nicht quer von einem Rand zum anderen, sondern von oben nach unten.

Cai Lun, ein Chinese mit einem langen Gewand, der seine Haare am Hinterkopf zu einem Pferdeschwanz zusammenband, gilt als der erste Mensch, der Papier herstellte. Er verwendete dazu Lumpen und alte Kleider. Hättest du also damals ein T-Shirt weggeworfen, hätte Cai Lun ein Schulheft daraus machen können. Okay, das war natürlich ein Witz. Wirf dein T-Shirt nicht weg, sondern steck es einfach in die Waschmaschine.

Bei den Chinesen galt damals ein alter Mann namens Konfuzius als sehr weise. Sie wollten alles aufschreiben, was er sagte, um es in Erinnerung behalten zu können. Deshalb wurden sämtliche Worte von Konfuzius in 50 gewaltige Steine gemeißelt; jeder Stein war mannshoch. Es war das schwerste Buch, das es jemals gegeben hat. Es hat acht Jahre gedauert, es zu schreiben, und es mussten 200 Menschen mit anpacken, um es zu transportieren.

Die allererste große Bibliothek stand in Ägypten. Die Bücher in dieser Bibliothek hatten keine Seiten – sie waren auf zusammengerollten Blättern geschrieben, die man auch als Pergamentrollen bezeichnete. Stell dir eine ganze Bibliothek voller Bücher vor, die wie riesige Toilettenpapierrollen aussehen. Eines Tages fing die Bibliothek Feuer, und sämtliche Bücher verbrannten. Wie schrecklich! Bitte lass nicht zu, dass so etwas jemals mit deinen Lieblingsbüchern passiert!

WARUM HABEN ELEFANTEN EINEN RÜSSEL?

Michaela Strachan
Fernsehmoderatorin von Natursendungen

Elefanten haben den Rüssel aus verschiedenen Gründen. Es ist unglaublich, was Elefanten mit ihrem Rüssel alles tun können. Sie benutzen ihn zum Essen, zum Trinken, als Dusche, zum Umarmen, zum Berühren, zum Riechen, zum Schwimmen, um Bäume auszureißen, um Dinge aufzuheben und zum Kämpfen.

Im Grunde hat kein Tier eine bessere und nützlichere Nase als ein Elefant. Sein Rüssel ist zugleich seine Nase und seine Oberlippe. Er ist stark, geschmeidig und feinfühlig. Stell dir vor, wir könnten mit unseren Armen so viele Dinge tun wie ein Elefant mit seinem Rüssel. Ich kann zwar mit meinem Arm etwas berühren, Dinge aufheben und jemanden umarmen, aber ich kann mit ihm natürlich nicht riechen, Wasser schlürfen oder ihn als Dusche benutzen.

Der Rüssel eines Elefanten ist wirklich stark. Stark genug, um einen Baum zu entwurzeln! Er kann aber auch unglaublich feinfühlig sein – feinfühlig genug, um einen Stift oder eine Erdnuss aufzunehmen. Er ist sehr lang, daher kommt er bis an die Baumwipfel, um Blätter abzuzupfen, oder er kann nach unten greifen und Wasser aufsaugen, das der Elefant sich in den Mund spritzt, wenn er etwas trinken will, oder über den Körper, wenn er sich mit einer Dusche erfrischen will. Der Elefant kann auch Staub über sich verteilen, der ihn vor Stechmücken schützt.

Hast du jemals gesehen, wie ein Elefant schwimmt? Wenn das Wasser zu tief wird, benutzt er seinen Rüssel als Schnorchel. Ist das nicht cool? So etwas würde ich gerne mal mit meinem Arm machen! Elefanten haben lange Rüssel, weil sie rie-

sige Tiere mit langen Beinen und einem riesigen Kopf sind. Ihre Rüssel sind lebenswichtig für ihre Ernährung, und diese Rüssel haben 40 000 Muskeln und Sehnen und eine extrem empfindsame Spitze.

Ein Elefant braucht etwa ein Jahr, bis er gelernt hat, seinen Rüssel richtig zu benutzen, und es kann ziemlich lustig sein, ein Elefanten-Baby dabei zu beobachten, wie es lernt, all diese Muskeln zu koordinieren. Ich habe Elefanten gesehen, die ihre Rüssel zum Malen benutzt haben! Natürlich lebten sie in Gefangenschaft, aber das Ergebnis war ein Kunstwerk für sich und hat viel Spaß gemacht.

WIESO SIND MANCHE MENSCHEN GEMEIN?

Dr. Oliver James
Psychologe

Du weißt, wie es sich anfühlt, wenn deine Mama oder dein Papa sich über dich ärgern, obwohl du gar nichts getan hast? Macht dich das dann richtig, richtig wütend und auch ein bisschen traurig?

Nun, vielleicht tust du danach etwas, das ein anderes Kind ärgert. Vielleicht deinen Bruder oder deine Schwester, von denen du weißt, wie sehr es sie auf die Palme bringt, wenn du ihr Lieblingsspielzeug versteckst oder sie daran erinnerst, wie schlecht sie in Mathe sind. Vielleicht ist es auch ein anderes Kind in der Schule, das du wütend machst, weil du weißt, dass du es kannst. Zum Beispiel, indem du sagst, dass es zum Essen Fisch gibt, weil du weißt, dass dieses Kind Fisch hasst, oder indem du es beschimpfst.

Dies ist der Grund, warum Menschen gemein sind. Jemand hat etwas getan, das sie wütend oder traurig macht. Und sie wollen dieses Gefühl loswerden. Also versuchen sie, *dich* wütend oder traurig zu machen. Es ist, als würden sie andere Leute als Mülleimer benutzen. Sie haben dieses Gefühl, selbst Müll zu sein, und sie versuchen es loszuwerden, indem sie den

Müll über dir auskippen. Hinterher fühlen sie sich auch für kurze Zeit erleichtert. Sie denken: »Gott sei Dank bin ich diesen Müll los.«

Aber so richtig funktioniert das nicht. Der Müll hat die sonderbare Angewohnheit, nach einer Weile wieder zurückzukehren, so ähnlich, als würdest du etwas ins Meer oder in einen Teich werfen und es würde immer wieder an die Oberfläche steigen. Vielleicht fühlen diese Menschen sich jetzt schlecht, weil sie gemein gewesen sind. Vielleicht haben sie deswegen einen hässlichen Traum gehabt oder sind durcheinander und grummelig. Oder sie sind traurig und weinen.

Vielleicht fühlen sie sich aber auch gar nicht so schlecht. Und weil sie anderen Menschen gegenüber gemein sind, kann niemand sie leiden. Etwas, das sie noch wütender und trauriger macht. Also kippen sie noch mehr Müll über den Leuten um sie herum aus. Und alles wird nur noch schlimmer. Am Ende kommt es ihnen so vor, als würden sie sich mitten in einem Abfallhaufen befinden.

Das nächste Mal, wenn jemand gemein zu dir ist, frag dich einfach: »Warum ist dieser gemeine Mensch wohl so unglücklich? Ich frage mich, was ihn so traurig oder wütend macht, dass er so gemein zu mir ist?«

Das Erstaunliche daran ist, dass du dich gar nicht mehr so schlecht fühlst, wenn du das tust.

WIE ERZEUGEN BÄUME DIE LUFT, DIE WIR ATMEN?

Dr. David Bellamy
Botaniker und Naturschützer

All die Bäume, Pflanzen und Tiere, die mit uns auf dieser wunderbaren Welt sind, brauchen drei unsichtbare Gase, um wachsen und gesund bleiben zu können. Diese magischen Gase heißen Kohlendioxid, Wasserdampf und Sauerstoff. Sie sind die Hauptbausteine aller Lebewesen; ohne sie gäbe es kein Leben auf der Erde.

Jedes Mal, wenn du einatmest, füllst du deine Lunge mit frischer Luft voller Sauerstoff. Dein Körper benötigt eine ganze Menge Sauerstoff, um funktionieren zu können, deshalb ist er schnell verbraucht und wird durch Kohlendioxid ersetzt. Wenn du ausatmest, wird dieses Kohlendioxid an die Luft abgegeben.

Alle Pflanzen, und damit auch die Bäume, holen sich Kohlendioxid und Wasserdampf aus der Luft. Mithilfe der Energie des Sonnenlichts wandeln sie diese Gase in Zucker und andere grundsätzliche Nährstoffe um, die ihr Wachstum unterstützen. Während sie das tun, geben sie Sauerstoff an die Luft ab.

Man bezeichnet diesen Prozess als Photosynthese. Nur

durch diesen Prozess entstehen Zucker und Sauerstoff, die für viele Lebewesen notwendig sind.

Menschen und Pflanzen atmen natürlich nicht auf die gleiche Weise. Wir haben eine Nase und einen Mund, durch die wir Sauerstoff einatmen. Sie sind mit der Lunge verbunden, die die lebensspendenden Gase in den Körper hineinholt und wieder abgibt. Pflanzen haben keine Lunge, sondern überall auf den Blättern und Stängeln verteilte Atemöffnungen, durch die die Gase hinein- und hinausgelangen. Sie sind durch ein verborgenes System aus sehr dünnen Rohren – den Kapillaren – miteinander verbunden. Es kann das Wasser von den tiefsten Wurzeln in der feuchten Erde bis hinauf zu den höchsten Blättern der Pflanze befördern.

Alle Pflanzen versuchen dafür zu sorgen, dass stets Wasser in ihren Kapillaren ist. Wenn die Blätter zu heiß werden oder die Erde zu trocken ist, schließen sie die Atemöffnungen, um Wasser zu sparen. Sind die Atemöffnungen allerdings geöffnet, verdunstet Wasser durch diese Löcher. Zur gleichen Zeit wandert Kohlendioxid in die Pflanze.

Wenn ich im Garten arbeite, singe ich gern, weil ich weiß, dass alle Pflanzen sich für das Kohlendioxid bedanken, das ich ausatme! Natürlich kann ich sie nicht hören. Aber ich weiß, dass das Kohlendioxid ihnen dabei hilft, noch mehr Blüten, Obst, Körner und Gemüse hervorzubringen.

Es kommt dir vielleicht wie ein Märchen vor, dass Leben aus unsichtbaren Gasen und Sonnenstrahlen entsteht. Aber genau das passiert auf der ganzen Welt und überall um dich und mich herum. Ich bin sehr froh, dass es so ist, denn wenn es aufhören würde, wäre ich nicht hier und könnte deine tolle Frage nicht beantworten.

WENN DAS UNIVERSUM AUS DEM NICHTS GEKOMMEN IST, WIE KONNTE ES DANN ZU ETWAS WERDEN?

Simon Singh
Sachbuchautor

Wissenschaftler haben Hinweise gefunden, die vermuten lassen, dass das Universum nach einer großen Explosion entstanden ist, die man als Urknall oder Big Bang bezeichnet. All die kleinen Stückchen, die unsere heutigen Galaxien, Sterne und Planeten bilden, sind nach dieser Explosion plötzlich aufgetaucht. Tatsächlich hat der Urknall auch den Weltraum selbst erschaffen. Und noch bizarrer ist, dass der Urknall auch die Zeit erschaffen hat.

Aufgrund der explosiven Natur des Urknalls breitet sich das Universum seit seiner Erschaffung immer weiter aus. Dies bedeutet, dass die Galaxien voneinander wegfliegen und sich auch in Zukunft immer noch weiter voneinander entfernen werden. Allerdings könnte die Schwerkraft das ändern.

Die Schwerkraft ist eine Anziehungskraft. Das bedeutet, dass sie versucht, alles zusammenzuziehen. Deshalb fällst du auf die Erde, wenn du fällst, und nicht nach oben und von der

Erde weg. Die Schwerkraft zieht dich und die Erde zueinander hin. Schwerkraft bedeutet, dass jedes Stück Materie im Universum von allen anderen Stücken angezogen wird. Und daher ist es möglich, dass die Schwerkraft irgendwann in der fernen Zukunft die Ausdehnung des Universums verlangsamen, anhalten und umkehren könnte. Das würde bedeuten, dass das Universum anfangen würde, sich zusammenzuziehen.

Und dann, in einer sehr, sehr fernen Zukunft, würde das Universum das Gegenteil des Urknalls oder Big Bangs erleben, etwas, das man als Gib Gnab bezeichnen könnte (Big Bang rückwärts gelesen), oder als Big Crunch (so etwas wie einen Urknirsch). Das könnte zu einem Big Rebound führen (einem Urprall) und zu einem weiteren Big Bang und so weiter. Die Geschichte des Universums würde dann Big Bang, Big Expansion (Urausdehnung), Big Halt (Urstillstand), Big Collapse (Urzusammenbruch), Big Crunch (Urknirsch), Big Rebound (Urprall), Big Bang lauten ...

Mit anderen Worten, das Universum ist nicht aus dem Nichts gekommen, sondern vielmehr aus dem Zusammenbruch eines früheren Universums. Unser Universum ist eine recycelte – also wiederverwertete – Version eines vorherigen Universums.

Unglücklicherweise haben wir nicht viele Belege, um die Richtigkeit dieser Recycling-Theorie zu beweisen. In der Tat deutet manches darauf hin, dass das Universum seine Ausdehnung gar nicht umkehren kann. Deshalb arbeiten Wissenschaftler daran, dieses Rätsel zu lösen.

Während wir auf eine wissenschaftliche Antwort auf diese Frage warten, lohnt es sich, den heiligen Augustinus zu erwähnen, einen christlichen Philosophen aus dem vierten Jahrhunderts, der vor einem ähnlichen Rätsel stand. Allerdings hat man ihn nicht gefragt: »Was war vor dem Urknall?«, sondern: »Was hat Gott getan, bevor er die Welt erschuf?« Augustinus antwortete, dass Gott für Leute, die solche Fragen stellen, die Hölle erschaffen hat.

WARUM HABEN MENSCHEN VERSCHIEDENE HAUTFARBEN?

Carl Zimmer
Sachbuchautor

Sehen wir uns doch zuerst einmal an, wie unsere Haut überhaupt ihre Farbe bekommt. In deiner Haut befinden sich bestimmte Zellen, die dunkle Klumpen aus Molekülen hervorbringen, die man als Pigmente bezeichnet. Verschiedene Klumpen haben verschiedene Farben. Kombinationen von Klumpen können andere Farben ergeben. Und je mehr Pigmente in der Haut entstehen, desto intensiver ist die Farbe. Sehr blasse Leute aus Schweden haben meist nur sehr wenige Pigmente in ihrer Haut. Sehr dunkelhäutige Leute aus dem Senegal in Afrika haben viele Pigmente.

Um zu verstehen, wieso Menschen verschiedene Hautfarben haben, müssen wir einen Blick auf das werfen, was die Pigmente Gutes für uns tun. Hautpigmente funktionieren wie ein natürliches Sonnenmittel. Das Sonnenlicht enthält gefährliche Arten von Energie, die Sonnenbrand und sogar Krebs verursachen können. Wenn gefährliches Sonnenlicht auf die Haut trifft, kann das Pigment es packen und daran hindern, einem Menschen Schaden zuzufügen. In Afrika, wo die Sonne sehr stark ist, ist dunkle Haut wie ein starker Schild, der die Menschen vor Krebs schützt.

Wenn wir allerdings gar kein Sonnenlicht bekämen, würden wir auf andere Weise krank werden. Wir brauchen das Sonnenlicht, da es uns dabei hilft, Vitamin D herzustellen, das unser Körper braucht, um gesund zu bleiben. In Afrika gibt es so viel Sonne, dass auch durch dunkle Haut noch Sonnenlicht dringen kann. An einem Ort wie Europa aber, wo die Sonne nicht so stark ist, bekommt dunkle Haut möglicherweise nicht genug Sonne, um Vitamin D herzustellen. Deshalb haben Menschen, deren Vorfahren aus Europa stammen, hellere Haut. Europäer mit heller Haut bekommen auch nicht öfter Hautkrebs, denn in Europa gibt es nicht so viel Sonnenlicht.

WERDEN DER NORDPOL UND DER SÜDPOL JEMALS VOLLSTÄNDIG SCHMELZEN?

Dr. Gabrielle Walker

Autorin und Fernsehmoderatorin sowie Expertin für den Klimawandel

Der Südpol und der Nordpol sind von Eis umgeben, und dieses Eis könnte in der Zukunft schmelzen. Um zu verstehen, warum das so ist, sollten wir den Norden und den Süden getrennt voneinander betrachten.

Der Nordpol ist die Stelle ganz »oben« auf der Welt, und um ihn herum gibt es nichts anderes als einen kalten Ozean. Am Nordpol findet man lauter fantastische Tiere wie Eisbären und Wale und große, dicke Walrosse mit Schnurrbärten und sehr langen Stoßzähnen, die alle im und am Wasser leben.

Da es so kalt ist, ist der oberste Teil dieses Polarozeans fest zugefroren, besonders im Winter. Obwohl das Eis ziemlich dick ist – dick genug, dass man auf manchen Teilen mit speziellen Fahrzeugen fahren kann –, kann es im Sommer trotzdem leicht schmelzen. Tatsächlich passiert das bereits. Wegen der globalen Erwärmung schmilzt das Meereis im Norden seit Jahrzehnten, und in manchen Sommern ist da oben nur noch eine halbe Eiskappe statt einer ganzen! Deshalb machen sich so viele Leute Sorgen um das Schicksal der Eisbären und fragen sich, ob auch wir Menschen irgendwann unter der zunehmenden Erwärmung leiden werden.

Der Südpol ist ein bisschen sicherer, denn das Eis ist dort sehr viel dicker. Hier ist nicht einfach nur der Ozean zugefroren, sondern es gibt ein riesiges vereistes Land namens Antarktis. In seiner Mitte ist das Eis so dick, dass man auf einem Eisberg von zwei Meilen Höhe herumläuft.

An den Rändern der Antarktis kann man jede Menge Pinguine finden (und die sind wirklich so niedlich, wie sie aussehen). Aber in der Mitte ist es so kalt und das Eis ist so dick, dass es dort gar kein Leben gibt – es sei denn, man zählt die menschlichen Wissenschaftler mit, die dorthin gehen, um das Eis und den Schnee zu erforschen.

Direkt am Pol steckt eine Stange im Eis, die von amerikanischen Wissenschaftlern stammt, die sich dort in einer dauerhaften Basis aufhalten. Sie erinnert ein bisschen an den gestreiften Barbierstab von früher, und man kann sich daneben fotografieren lassen. Oder noch besser: Wenn jemand fotografiert, wie du oben auf der Spitze des Masts einen Handstand machst, und du dieses Foto dann umdrehst, sieht es aus, als würdest du an der Unterseite der Welt hängen!

Wir wissen allerdings inzwischen, dass sogar das Eis der Antarktis schmilzt – vor allem an den Rändern – und dass eines Tages alles weg sein könnte. Das wäre nicht sehr gut für die Menschen, denn wenn das Eis schmilzt, steigt der Meeresspiegel, was überall auf der Welt für all die Menschen ein Problem wäre, die in Meeresnähe leben. Für die Antarktis wäre es allerdings vielleicht gut, denn dann könnten im Landesinnern, wo es jetzt zu kalt ist, womöglich Lebewesen existieren. Vor hundert Millionen Jahren war es auf der ganzen Erde so warm, dass Dinosaurier in dampfenden Sümpfen am Südpol gelebt haben! Wenn das Eis wieder schmilzt, wer weiß schon, was dann dort leben wird?

WOHER KOMMT DAS GUTE?

A. C. Grayling
Philosoph

Wir verwenden das Wort »gut«, um auszudrücken, dass wir etwas mögen, oder wir bezeichnen damit etwas, das das Leben besser macht, oder jemanden, der nett zu anderen ist. Wir bezeichnen Menschen als gut, wenn sie ehrlich sind, ihre Versprechen halten und ihr Bestes geben. Gut zu sein ist sehr wichtig, denn es hilft wirklich dabei, die Welt zu einem besseren Ort zu machen.

Über die Natur des Guten wird schon diskutiert, seit die ersten Menschen sich fragten: »Wie verhalten wir uns richtig und wie gehen wir am besten miteinander um?« Die alten griechischen Philosophen brachten eine Debatte über das Gute in Gang, die noch immer andauert. Diese Philosophen lehren uns, dass das Gute sich nicht nur darauf bezieht, was man tut, sondern auch darauf, wie man denkt. Unsere Handlungen kommen von unseren Einstellungen, und daher müssen wir alle über die richtige Art zu leben und zu handeln nachdenken.

Wir müssen uns also alle fragen: Was halte ich für gut? Und wieso tue ich das? Ich bin kurz davor, etwas zu tun: Ist es richtig oder nicht? Wenn du diese Fragen beantwortest, musst du sicher sein, dass die Antwort auch andere Leute überzeugen wird: Es ist zu einfach, nur sich selbst zu überzeugen!

Über das Gute nachzudenken, um gut handeln zu können, hat auch damit zu tun, mit anderen Menschen zu sprechen und herauszufinden, was andere Gesellschaften denken und wieso sie es denken, oder nach den Gründen zu fragen, warum Menschen etwas für gut oder schlecht halten.

Aus all dem lernen wir, dass das »Gute« mit verantwortlichem und einfühlsamem Nachdenken über die Folgen zu tun hat, die unsere Gedanken und Handlungen auf uns und andere und die Welt um uns herum haben.

WARUM IST DIE SONNE SO HEISS?

Dr. Lucie Green
Raumfahrtwissenschaftlerin

Seit Tausenden von Jahren rätseln die Menschen darüber, wieso die Sonne so heiß ist. Ganz früher dachte man, dass die Sonne ein brennender Kohleklumpen sei, aber heute wissen wir, dass sie hauptsächlich aus Wasserstoffteilchen besteht und nie auf die gleiche Weise wie Kohle brennen würde. Vielmehr wird der Wasserstoff im Zentrum der Sonne so sehr zusammengepresst, dass er anfängt, zusammenzukleben und ein anderes Gas zu bilden, das Helium heißt.

Albert Einstein hat als Erster verstanden, dass diese Teilchen genug Energie freisetzen, wenn sie zusammengepresst werden, um die Sonne scheinen und heiß werden zu lassen. Die Temperatur im Innern der Sonne beträgt 15 Millionen Grad; an der Oberfläche ist sie mit 5700 Grad sehr viel niedriger. Wasser kocht in einem Topf bei 100 Grad. Versuche dir nur mal vorzustellen, wie heiß es wohl im Zentrum der Sonne ist.

Heute können wir viele Einzelheiten unserer Sonne erforschen, indem wir Weltraumteleskope benutzen. Wir sehen, dass die Sonne eine überraschend heiße Atmosphäre hat – sie ist mit einer Temperatur von einer Million Grad sehr viel heißer als die Oberfläche. Das ist erstaunlich, denn die Hitze, die

von der Oberfläche der Sonne kommt, kann eine derart heiße Atmosphäre gar nicht erzeugen. Die heißen Gase in der Atmosphäre strahlen hell im Röntgenstrahlungs- und ultravioletten Bereich. Mit Weltraumteleskopen, die die Röntgen- und UV-Strahlung wahrnehmen können, wurden Bilder von der Sonne aufgenommen, auf denen man erkennen kann, dass die Atmosphäre deshalb so heiß bleibt, weil enorme Magnetfelder durch diese Gase verlaufen. Durch den Einsatz von Raumsonden wie SOHO (das ist eine Abkürzung für Solar Dynamics Observatory, was auf Deutsch Sonnen- und Heliosphären-Observatorium heißt) und Hinode wissen wir, dass diese Magnetfelder als Ganzes und in ihrem Innern ständig in Bewegung sind, und dass Energie-Ausbrüche die Gase in der Sonnenatmosphäre bis auf eine Million Grad erhitzen.

WELCHES TIER AUF DER WELT IST AM STÄRKSTEN VOM AUSSTERBEN BEDROHT?

Mark Carwardine
Zoologe und Naturschützer

Soweit wir wissen, ist das seltenste Tier die Pinta-Riesenschildkröte. Bis Juni 2012 gab es nur noch ein einziges lebendes Exemplar, das Lonesome hieß. Er lebte auf den Galapagos-Inseln, die ziemlich weit von der südamerikanischen Küste entfernt sind. Riesenschildkröten leben länger als die meisten anderen Tiere, aber George ist inzwischen leider verstorben.

Wir wissen auch, dass das berühmteste aller bedrohten Tiere, der Riesenpanda, *nicht* das am stärksten bedrohte Tier auf der Welt ist. Es stimmt schon, er ist selten – Experten schätzen, dass es nur noch etwa 1600 Riesenpandas in den chinesischen Bambuswäldern gibt –, und dieser Bestand wird wahrscheinlich noch kleiner werden. Es gibt jedoch viele Tiere, die noch stärker bedroht sind. Einige sind zwar nicht offiziell ausgestorben, weil es noch einige Überlebende in Gefangenschaft gibt, aber sie sind bereits aus der Wildnis verschwunden. Dazu gehört auch eine Papageien-Art, die Spix-Ara genannt wird und von der es noch etwa 120 Exemplare gibt – die alle in Zoos leben oder als Haustiere gehalten werden.

Von anderen Tieren gibt es zwar größere Bestände, aber sie sind enormen Bedrohungen ausgesetzt und daher noch stärker gefährdet. Dazu gehören viele bekannte Tierarten wie das Java-Nashorn, der Tiger und der Berggorilla. Aber auch der Vaquita oder Golftümmler (ein kleiner Schweinswal, der vor der Küste von Mexiko lebt), der Große Bambuslemur (ein affenähnliches Tier aus Madagaskar), die Addax- oder Mendesantilope (eine afrikanische Antilope) und viele andere Tiere, von denen die meisten Menschen noch nie etwas gehört haben, zählen dazu.

Insgesamt gibt es mehr als 2000 *stark vom Aussterben* bedrohte Tierarten auf der Welt – und das sind nur diejenigen, von denen wir wissen – und viele Tausend andere, die ebenfalls bedroht sind. Aber nicht alle sind notwendigerweise zum Aussterben verdammt. Der Grauwal ist ein beeindruckendes Beispiel: Seit im Jahre 1946 die kommerzielle Jagd auf Grauwale verboten wurde, ist seine Population von ein paar hundert auf sehr viel gesündere 21 000 gestiegen. Die gute Nachricht ist also, dass durch die Bemühungen des Naturschutzes bedrohte Tiere vor dem Aussterben bewahrt werden können, wenn wir uns anstrengen.

WIESO BEKOMMEN MÄDCHEN BABYS UND JUNGEN NICHT?

Dr. Sarah Jarvis
Ärztin und Moderatorin
einer Gesundheitssendung

Äußerlich betrachtet sehen Mädchen und Jungen ziemlich ähnlich aus. Immerhin haben sie gleich viele Arme, Beine, Ohren und Nasen. Einer der größten Unterschiede zwischen Frauen und Männern besteht (abgesehen von der kahlen Stelle auf dem Kopf, die man bei Männern manchmal sieht!) darin, dass Frauen Brüste haben und Männer nicht. Außerdem haben Männer einen Penis, Frauen nicht. Im Innern der Körper von Frauen und Männern sind ebenfalls ein paar Dinge gleich und andere nicht. Beide haben ein Herz, das das Blut durch den Körper pumpt. Beide haben eine Lunge zum Atmen. Aber im Bauch einer Frau befindet sich etwas, das man Gebärmutter nennt. Sie hat gewöhnlich die Größe eines Hühnereis, kann sich aber auch wie ein Ballon aufblasen. Sie ist hohl und mit einer weichen Schicht ausgekleidet. Männer haben keine Gebärmutter.

Ein Baby entsteht aus dem weiblichen Ei und dem männlichen Samen. Zusammen entwickeln sie sich zu einem Baby, und das ist kompliziert. Babys müssen ihre Nahrung von den Müttern bekommen, bevor sie geboren werden. Im Innern der Gebärmutter können sie sich an ihre Mutter heften und alles von ihrem Körper erhalten, was sie zum Wachsen brauchen.

Babys müssen auch geschützt werden. Wenn sie geboren werden, können sie noch nicht viel tun, abgesehen von essen, schreien und schlafen. Wenn sie auf die Welt kommen, sind sie neun Monate alt. Davor können sie nicht allein atmen.

Während der Schwangerschaft schwebt das Baby in der Gebärmutter in einer Flüssigkeit und muss nicht atmen. Aber es muss wachsen. Da die Gebärmutter so dehnbar ist, kann das Baby, das anfangs nur erbsengroß ist, so groß wie vier Packungen Zucker werden, bevor es die Gebärmutter verlassen muss.

Natürlich hören die Unterschiede nicht auf, wenn das Baby geboren ist. Wenn eine Frau ein Baby auf die Welt gebracht hat, geben ihre Brüste Milch, in der all das enthalten ist, was das Kind zum Wachsen braucht. Väter sind in vielen Dingen großartig, aber sie können keine Babys bekommen!

WIESO HABEN IM VIKTORIANISCHEN ZEITALTER KINDER DIE GANZE ARBEIT GEMACHT?

Claire Tomalin
Schriftstellerin

Erwachsene haben im Viktorianischen England ganz schön viel gearbeitet – natürlich! –, und zwar als Ingenieure, die Eisenbahnen gebaut haben, als Wissenschaftler, als Fabrikarbeiter, als Lehrer und Schreiber, Ärzte und Krankenschwestern. Kinder haben allerdings genauso hart gearbeitet. Und sie haben gefährliche Arbeiten gemacht: Einige wurden in die Bergwerke geschickt, andere, sehr kleine Jungen wurden gezwungen, die Schornsteine auszufegen. Das Parlament verabschiedete zwar verschiedene Gesetze, die so etwas verhindern sollten, aber diese Gesetze wurden jahrelang missachtet und Kinder weiterhin die Schornsteine hinaufgezwungen. Erst der Tod eines Jungen im Jahre 1875, der auf halbem Weg im Schornstein stecken blieb und starb, bereitete dieser Grausamkeit endlich ein Ende. Kinder arbeiteten auch viele Stunden in Fabriken und Mühlen.

Reiche Kinder gingen zur Schule, die armen taten das nur selten. Viele Kinder wurden in Armenhäusern geboren. Charles Dickens, der große Erzähler des Viktorianischen Zeitalters, beschreibt in seinem Roman *Oliver Twist*, wie schlimm die Kinder dort behandelt wurden. Zum Beispiel waren sie halb verhungert – wie wir wissen, fragte Oliver, ob er noch etwas zu essen bekommen könnte, und wurde dafür bestraft –, und wurden schon mit neun oder zehn Jahren losgeschickt, um als Bedienstete oder Lehrlinge zu arbeiten. Oliver fleht im Buch darum, nicht als Lehrling eines Schornsteinfegers ausgebildet zu werden. Später wird er von Verbrechern entführt, die versuchen, einen Taschendieb aus ihm zu machen, und ihn zwingen, durch ein kleines Fenster in ein Haus zu klettern, das sie ausrauben wollen.

Dickens wusste sehr viel über Kinderarbeit. Er wurde selbst im Alter von zwölf Jahren zum Arbeiten in eine Fabrik gesteckt, in der er schwarze Schuhcreme in Dosen füllen musste. Er hasste diese Arbeit und sehnte sich danach, zur Schule gehen zu können. In seinen Geschichten beschreibt er die Straßenkinder von London. Jo, ein Junge, der nicht lesen und schreiben kann, hält sich über Wasser, indem er für ein paar Pennys eine Straßenkreuzung fegt; er stirbt jung. Dann ist da Charley, eine Waise, die die Wäsche fremder Leute wäscht und dadurch dafür sorgt, dass ihr kleiner Bruder und ihre kleine Schwester etwas zu essen und ein Dach über dem Kopf haben; sie schließt sie immer ein, wenn sie zum Arbeiten geht, damit sie in Sicherheit sind. Ein anderes Mädchen, Jenny, das behindert ist und kaum gehen kann, verdient seinen Lebensunterhalt mit dem Nähen von Puppenkleidern. Zirkusleute bildeten ihre Kinder als Akrobaten und Reiter aus, damit sie auftreten konnten. Theaterleute stellten zum Beispiel ihre Tochter, kaum dass sie laufen konnten, auf die Bühne und präsentierten sie als »Wunderkind«.

Einige gute Menschen gründeten »Lumpenschulen« für die Straßenkinder, in denen sie ein bisschen unterrichtet wurden. Die Kinder waren aber häufig nicht da, und wenn sie wiederkamen, erklärten sie, dass sie im Gefängnis gewesen waren. Dickens beschreibt einen kleinen Jungen, einen Taschendieb, der sehr frech zum Richter ist, als er vor Gericht steht. Und obwohl Dickens selbst nur wenig Unterricht erhalten hat und als Kind arbeiten musste, wuchs er heran und wurde ein berühmter Schriftsteller. Heute bekommen alle englischen Kinder Unterricht, aber in anderen Teilen der Welt werden Kinder immer noch dazu gezwungen, viele Stunden schwer zu arbeiten.

WAS IST SCHWERKRAFT, UND WIESO GIBT ES IM WELTRAUM KEINE?

Dr. Nicholas J. M. Patrick
NASA-Astronaut

Bei der Schwerkraft handelt es sich um eine Anziehungskraft, die jeder Gegenstand im Universum auf einen anderen ausübt. Und es gibt jede Menge Schwerkraft im Weltraum!

Je größer und näher ein Gegenstand ist, desto stärker zieht die Schwerkraft. Die Erde ist sehr groß und sehr nah bei dir, deshalb übt sie eine sehr starke Anziehungskraft auf dich aus, hält dich am Boden fest und verhindert, dass du in den Weltraum davonschwebst. Wir bezeichnen diese Kraft als dein Gewicht. Auch alles andere übt ein bisschen Schwerkraft auf dich aus: So zieht beispielsweise der Mond an dir, allerdings nicht stark genug, dass du es bemerkst. Der Mond zieht auch an den Ozeanen der Erde und verursacht auf diese Weise die Gezeiten.

Aber die Schwerkraft existiert nicht nur hier auf der Erde – sie herrscht auch im Weltraum. In unserem Sonnensystem sorgt die Schwerkraft unserer gewaltigen Sonne dafür, dass die Erde und andere Planeten in ihren Umlaufbahnen um sie herum bleiben, so wie die Schwerkraft der Erde den Mond in seiner Umlaufbahn hält.

Wenn also die Schwerkraft der Erde bis zum Mond und darüber hinaus reichen kann, wieso *spüren* die Astronauten sie dann nicht, wenn sie in einem Raumschiff um die Erde kreisen? Wieso fühlt man sich im Weltraum »schwerelos«?

Die etwas überraschende Antwort lautet, dass man wegen der Schwerkraft der Erde tatsächlich auf die Erde zufällt, wenn man im Weltraum ist. Da man aber fällt, steht man auf nichts, und das heißt, man spürt das eigene Gewicht auf den Füßen und Beinen nicht. Wenn man in einem Raumfahrzeug ist, das sich in einer Umlaufbahn um die Erde befindet, kommt man übrigens *deshalb* nie auf dem Boden auf, weil man um die Erde *herum* fällt. Man reist mit einer Geschwindigkeit von 17 500 Meilen pro Stunde, und das ist so schnell, dass die gewölbte Erde genauso schnell unter einem wegfällt, wie man auf sie zufällt.

Als Astronaut habe ich viele Wochen in Schwerelosigkeit verbracht, als ich an Bord der Raumfähren *Discovery* und *Endeavour* und auf der Internationalen Raumstation (ISS) gelebt habe. Wenn wir nicht gearbeitet haben, haben wir die Aussicht genossen und das Schweben geübt. Mit ein bisschen Übung konnten wir mehrere Minuten regungslos in der Mitte der Station schweben, bis uns die leichte Brise aus dem Gebläse der Klimaanlage sanft auf eine Enlüftungsöffnung zugeweht hat!

WARUM KÖNNEN WIR NICHT EWIG LEBEN?

Richard Holloway
Autor und Moderator für Funk und Fernsehen

Wenn wir ewig leben und nie sterben würden, wäre die Welt in ein paar Jahren so überbevölkert, dass wir uns nicht mehr bewegen, nicht mehr spielen und nicht mehr herumlaufen könnten.

Es wäre so, als würden immer mehr und mehr Menschen zu dir nach Hause kommen, um bei dir zu leben, ohne dass du jemals Platz für sie schaffen könntest. Das ist zwar vielleicht am Anfang ganz witzig, aber es würde nicht lange dauern, und du hättest keine Möglichkeit mehr, dich irgendwo hinzulegen. Du hättest auch gar kein eigenes Bett mehr und könntest nicht mehr richtig spielen, so voll wäre es!

Wir würden auch schnell alle Lebensmittel auf der ganzen Welt aufessen, weil es nicht genug für alle gibt, und wir würden sehr hungrig und sehr krank werden und wahrscheinlich um das kämpfen, was es noch zu essen gäbe.

Am schlimmsten wäre aber, dass das Leben schrecklich langweilig und ermüdend wäre. Es wäre so ähnlich, als würdest du in eine Schule gehen, in der du nie Zeit zum Spielen hättest und es auch keine Ferien gäbe. Es würde einfach alles immer weiter und weiter und weiter gehen, und die gleichen Dinge würden immer und immer wieder passieren.

Da wir nicht ewig leben, können wir uns darauf freuen, größer zu werden und Kinder zu haben und irgendwann alt zu werden und zu sterben, und wir werden unseren Kindern Platz hinterlassen, um zu leben und zu wachsen und selbst Kinder zu haben, und so weiter und so weiter, bis in alle Ewigkeit.

WIE KOMMT DAS WASSER IN DIE WOLKEN, SODASS ES REGNEN KANN?

Gavin Pretor-Pinney
Autor und Begründer der Cloud Appreciation Society

Wolken bestehen aus Abermillionen von kleinen Wasserteilen. Manchmal sind diese Wasserteile kleine Tropfen, manchmal winzige Eiskristalle. Es kommt einem seltsam vor, dass dieses Wasser einfach so am Himmel auftauchen soll, wenn wir doch gar nicht sehen, wie es da hingelangt, aber vergiss nicht: Nur weil du etwas nicht sehen kannst, heißt das nicht, dass es nicht da ist.

Manchmal ist Wasser unsichtbar. Das gilt natürlich nicht für fließendes Wasser wie das, das du trinkst. Das können wir alle sehen. Und es gilt auch nicht für das Wasser, das zu Eis gefroren ist, das wir ebenfalls gut sehen können. Wasser kann man dann nicht sehen, wenn es gasförmig ist. Das bedeutet, dass die kleinen Wasserteile, die Wassermoleküle genannt werden, einzeln in der Luft herumfliegen, statt sich zu fließendem Wasser oder zu hartem Eis zu verbinden.

Wenn Wasser gasförmig ist, fliegen die Moleküle mit viel Platz zwischen ihnen durch die Gegend. Und da alle Moleküle viel, viel zu klein sind, als dass wir sie sehen könnten, ist

Wasser unsichtbar, wenn es im gasförmigen Zustand ist. Erst wenn Tausende von Millionen von Wassermolekülen zusammenkleben und einen winzigen Tropfen ergeben, haben wir die Chance, sie zu sehen. Und das ist genau der Moment, in dem sich am Himmel eine Wolke bildet.

Du merkst es zwar vielleicht nicht, aber es gibt eine Menge unsichtbares Wasser um uns herum. Es ist Teil der Luft, die wir atmen. Die Wassermoleküle gelangen in die Luft, indem sie von der Oberfläche von Meeren, Schnee, Pfützen und anderem Wasser aufsteigen, das auf dem Boden ist. Auch wenn sie zu klein sind, als dass wir sie einzeln durch die Gegend schweben sehen könnten, sind diese Moleküle doch da und stoßen immer wieder mit ihresgleichen und den anderen Molekülen in der Luft zusammen.

Je wärmer die Luft ist, umso mehr Wassermoleküle steigen auf und umso schneller fliegen sie herum. Aber wie kommt Wasser in diesem unsichtbaren Zustand so hoch in den Himmel, wo es sich in eine weiße, bauschige Wolke verwandelt?

In den unteren Kilometern unserer Atmosphäre wirbelt die Luft kräftig herum, und es gibt viele Möglichkeiten, wie sie vom Boden in den Himmel aufsteigen kann. Sie kann nach oben strömen, während der Wind über einen Berg weht. Sie kann aufsteigen, wenn sie vom sonnengewärmten Boden erwärmt wird. Ganz egal, wie sie nach oben kommt, sie kühlt sich beim Aufsteigen immer ab. Und genau das sorgt dafür, dass es Wolken gibt.

Wenn die Luft abkühlt, fliegen die unsichtbaren Wassermoleküle nicht ganz so schnell herum. Wenn sie noch weiter abkühlt, fangen sie an, beim Aneinanderstoßen als Tropfen aneinanderzukleben. Wenn die Luft beim Höhersteigen noch kälter wird, können viele solcher Tropfen entstehen und groß genug werden, dass wir eine weiße Wolke sehen.

Wenn die Luft weiter steigt und immer mehr abkühlt, verwandeln sich die Tropfen in winzige Eisstücke. Diese können groß genug werden, dass sie wieder nach unten fallen und als Schnee oder Regen bei uns ankommen.

WIESO HABEN TIERE, DIE FLIEGEN, FEDERN, AUSSER FLEDERMÄUSE?

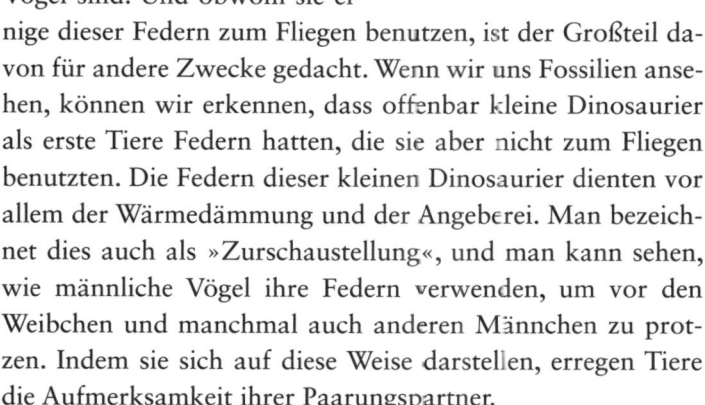

John »Jack« Horner
Paläontologe

Es ist tatsächlich so, dass alle lebenden Tiere mit Federn Vögel sind. Und obwohl sie einige dieser Federn zum Fliegen benutzen, ist der Großteil davon für andere Zwecke gedacht. Wenn wir uns Fossilien ansehen, können wir erkennen, dass offenbar kleine Dinosaurier als erste Tiere Federn hatten, die sie aber nicht zum Fliegen benutzten. Die Federn dieser kleinen Dinosaurier dienten vor allem der Wärmedämmung und der Angeberei. Man bezeichnet dies auch als »Zurschaustellung«, und man kann sehen, wie männliche Vögel ihre Federn verwenden, um vor den Weibchen und manchmal auch anderen Männchen zu protzen. Indem sie sich auf diese Weise darstellen, erregen Tiere die Aufmerksamkeit ihrer Paarungspartner.

Im Laufe der letzten Jahre sind Wissenschaftler zu dem Schluss gekommen, dass die Dinosaurier die Vorfahren der Vögel sind. Von den Dinosauriern stammt der größte Teil der Eigenschaften, die wir bei Vögeln als typisch ansehen, wie Fe-

133

dern und hohle Knochen und das Gabelbein und hartschalige Eier.

Mit anderen Worten, es gibt so viele Gemeinsamkeiten zwischen Dinosauriern und Vögeln, dass wir Paläontologen die Vögel inzwischen in der Gruppe *Dinosauria* einordnen. Vögel sind lebende Dinosaurier! Aus diesem Grund habe ich mit einigen Biologen angefangen, aus einem Vogel einen Dinosaurier wiederherzustellen, indem wir bestimmte Gene in seiner DNA an- und andere ausgeschaltet haben. Wir benutzen Hühner, um nach dem Gen zu suchen, das es ihnen ermöglicht, lange Schwänze und lange Arme mit Händen statt Flügeln zu haben. Wir versuchen auch, ein Huhn mit Zähnen zu züchten.

Wenn wir in der Lage sind, einen Vogel mit den Eigenschaften eines Dinosauriers zu erschaffen, werden wir ihn Huhnosaurus oder Dinohuhn nennen! Wenn wir aus einem Huhn einen Dinosaurier machen können, sind wir auch in der Lage, aus jedem anderen Vogel einen Dinosaurier zu machen, denn alle Vögel sind miteinander verwandt. Einige Kinder möchten, dass wir sie aus Straußen machen, damit wir große Dinosaurier haben, aber ich denke, wir sollten sie klein lassen, damit sie uns nicht fressen. Was denkst du?

WIE KONTROLLIERT MICH MEIN GEHIRN?

Baronin Susan Greenfield
Neurowissenschaftlerin

In dieser Frage stecken zwei wichtige Worte: »Gehirn« und »ich«. Wir müssen zuerst sicherstellen, dass wir wirklich verstehen, was sie bedeuten.

Das Gehirn ist ein matschiges Etwas, das das Innere deines Kopfes ausfüllt und ein bisschen wie eine sehr große, schrumpelige Walnuss aussieht. Allerdings fühlt es sich im Gegensatz zu einer Walnuss weich an, wie ein weichgekochtes Ei. Aber es tut viel, viel mehr als eine Nuss oder ein Ei; es versetzt dich in die Lage zu sehen, zu hören, zu fühlen, zu riechen und zu schmecken. Es ist auch die Zentrale deines Körpers, von der aus die vielen verschiedenen Muskeln in deinen Armen und Beinen koordiniert werden, sodass du dich bewegen kannst. Vor allem aber ist dein Gehirn das Organ, mit dem du denkst, sodass du auch den Gedanken formulieren kannst, dass du DU bist.

Werfen wir einen Blick auf das, was in deinem Gehirn passiert …

Wenn du ein Neugeborenes bist, hat dein Hirn die gleiche Größe wie das von einem Schimpansenbaby. Aber dann passiert etwas Erstaunliches. Es gibt etwa einhundert Milliarden winzige Bausteine (»Zellen«), die man nur unter einem Mikroskop sehen kann, und es sind diese Zellen, die dein Gehirn bilden. Allerdings fangen diese Zellen im menschlichen Gehirn nach der Geburt an, faserige Verbindungen zueinander herzustellen, und während die Verbindungen länger werden und ihre Anzahl zunimmt, wächst dein Gehirn entsprechend, und zwar weit mehr als das eines Schimpansen.

Wieso ist das interessant oder wichtig?

Wir Menschen laufen nicht besonders schnell, wir sehen nicht besonders gut, und wir sind verglichen mit vielen anderen Tieren nicht sehr stark. Aber wir können auf diesem Planeten besser leben und gedeihen als alle anderen Spezies, weil es etwas gibt, das wir weitaus besser können als andere. Wir lernen.

Da wir so gut darin sind, aus Erfahrungen zu lernen, können wir uns jeder Umgebung anpassen, in die wir hineingeboren werden. Und wir sind gut im Lernen, weil unsere Gehirnzellen fantastisch darin sind, in jedem Augenblick unseres Lebens neue Verbindungen herzustellen. Jede Erfahrung, die du machst, verändert deine Gehirnverbindungen. Selbst dann, wenn du ein Klon wärst – ein identischer Zwilling mit genau den gleichen Genen wie dein Bruder oder deine Schwester –, würdest du ein einzigartiges Muster aus Gehirnzellenverbindungen besitzen, weil nur du diese bestimmte Anordnung von Erfahrungen hast. Obwohl du im gleichen Haus mit der gleichen Familie lebst, passieren dir ganz persönliche und einzigartige Dinge, die sonst niemand erlebt. Jedes Mal, wenn du so etwas Alltägliches tust wie mit jemandem zu reden, ein Spiel zu spielen, etwas zu essen oder aus dem Fenster zu sehen, passen deine Gehirnzellenverbindungen sich auf einzigartige Weise daran an und machen dich dadurch zu dem individuellen Menschen, der du bist.

Die Antwort auf die Frage lautet daher, dass »mein Gehirn« und »ich« dasselbe sind. Das eine kann das andere also nicht kontrollieren.

Wie allerdings etwas, das aussieht wie eine Nuss und sich anfühlt wie ein Ei, das Gefühl auslösen kann, man selbst zu sein, ist eines der schwierigsten und größten Rätsel, die es noch zu lösen gilt.

WOHER BEKOMMEN STARKÖCHE IHRE IDEEN FÜR REZEPTE?

Gordon Ramsay
Starkoch

Starköche bekommen ihre Ideen von überall: aus alten Kochbüchern, von der Familie, von Freunden und anderen Starköchen. Ich selbst werde meistens durch das inspiriert, was ich auf dem Markt entdecke.

Ich liebe es, frühmorgens auf einen Bauernmarkt zu gehen, wenn die Stände gerade aufmachen. Das Gemüse, der Fisch und das Fleisch sind frisch, und ich treffe andere Sterneköche, die über die Preise für die Zutaten für ihre Kreationen verhandeln. Und vor allem kann ich ein paar Minuten mit den Menschen über die Nahrungsmittel, die sie herstellen, reden. Diese Leute sind wirklich leidenschaftlich daran interessiert, qualitätsvolle Nahrungsmittel anzubieten, die biologisch und nachhaltig angebaut wurden – ohne der Umwelt zu schaden.

Wenn ich meine von der Jahreszeit abhängigen Zutaten gefunden habe, fange ich an, Ideen zu Rezepten und geschmacklichen Richtungen zu entwickeln, die das Wesentliche dessen, was ich gerade gekauft habe, hervorbringen und vervollständigen.

Jede Jahreszeit bietet eine neue Reihe an saisonalen Gemüse- und Obstsorten, die mich zu einigen zuverlässigen alten Rezepten zurückführen und mich neue entwickeln lassen. In den kalten Wintermonaten gibt es nichts Besseres als einen herzhaften Eintopf. Karotten, Kohl, Sellerie, Kürbis, Rüben und Kartoffeln bilden eine großartige Basis für dieses warme Winteressen.

Im Frühling ist Spargelsaison. Dieses Gemüse zaubert immer ein Lächeln auf mein Gesicht und lässt mich in der Küche ganz besonders aktiv werden. Ich liebe gebratenen Hummerschwanz mit Spargel, Morcheln, Zitrone und Vanillesauce!

Im Sommer gibt es Beeren. Eines meiner Lieblingsgerichte ist Zitronenkuchen mit frischen Sommerbeeren; die Säure der Zitrone wird durch die Süße der Früchte gemildert. Köstlich!

Birnen sind in den Herbstmonaten reif, und ich kann es kaum abwarten, bis ich Birnentarte Tatin backen kann. Durch die Gewürze Sternanis, Kardamon und Zimt wird die Birne zum Leben erweckt, und bei diesem Kuchen handelt es sich um ein leicht herzustellendes Dessert für eine besondere Gelegenheit.

Wichtig ist, dass Kochen Spaß macht. Experimentiere mit verschiedenen Geschmacksrichtungen, um neue Speisen zu erschaffen. Man weiß nie, was für ein köstliches und interessantes kulinarisches Abenteuer man erleben kann.

SIND WIR ALLE MITEINANDER VERWANDT?

Dr. Richard Dawkins
Evolutionsbiologe

Ja, wir sind alle miteinander verwandt. Du bist ein (wahrscheinlich entfernter) Verwandter der Königin von England und des Präsidenten der Vereinigten Staaten von Amerika und von mir. Du und ich, wir sind Verwandte. Du kannst es dir selbst beweisen.

Alle Menschen haben zwei Eltern. Da beide Elternteile wiederum selbst zwei Elternteile hatten, bedeutet dies, dass wir alle vier Großeltern haben. Und da alle Großeltern ebenfalls zwei Eltern gehabt haben müssen, hat jeder acht Urgroßeltern und 16 Ururgroßeltern und 32 Urururgroßeltern und so weiter.

Du kannst eine beliebige Anzahl von Generationen zurückgehen und die Zahl der Ahnen ausrechnen, die du zu dem Zeitpunkt in der Vergangenheit gehabt haben musst. Du musst nur die Zahl 2 so oft mit sich selbst multiplizieren, wie es der Anzahl der Generationen entspricht.

Nehmen wir einmal an, wir gehen zehn Jahrhunderte zurück, also z. B. ins angelsächsische England kurz vor der Normannischen Eroberung, und rechnen aus, wie viele lebende

Ahnen du zu dem Zeitpunkt gehabt haben musst. Wenn wir von vier Generationen pro Jahrhundert ausgehen, war das vor etwa 40 Generationen.

Multipliziert man jetzt die Zahl Zwei 40-mal mit sich selbst, ergibt das mehr als tausend Milliarden. Dabei gab es damals nur eine Bevölkerung von 300 Millionen. Und heute sind es sieben Milliarden, obwohl wir doch gerade ausgerechnet haben, dass deine Ahnen vor eintausend Jahren mehr als 150-mal so viel gewesen sein müssen. Und dabei haben wir uns nur deinen Ahnen zugewandt. Was ist mit meinen und denen der Königin und denen des Präsidenten? Was ist mit den Ahnen von all den anderen sieben Milliarden Menschen, die heute leben? Hat jeder dieser sieben Milliarden Menschen seine eigenen tausend Milliarden Ahnen?

Um alles noch ein bisschen schlimmer zu machen ... wir sind bis jetzt erst zehn Jahrhunderte in der Geschichte zurückgegangen. Nehmen wir an, wir gehen in die Zeit von Julius Caesar zurück: Das sind etwa 80 Generationen. Die Zahl Zwei 80-mal mit sich selbst multiplizieren bedeutet mehr als 1 Quadrillion 209 Trilliarden. Das sind mehr als acht Milliarden Menschen auf jedem Quadratmeter der Erde. Was bedeuten würde, dass sie aufeinanderstehen müssten, und zwar zu mehr als einer Milliarde!

Offensichtlich müssen wir irgendwo falsch gerechnet haben. War es falsch zu sagen, dass jeder zwei Elternteile hat? Nein, das ist absolut richtig. Folgt daraus, dass jeder vier Großeltern hat? Nun, irgendwie schon, aber nicht unbedingt vier *verschiedene* Großeltern. Und genau darum geht es. Cousins und Cousinen ersten Grades heiraten sich manchmal. Ihre Kinder haben vier Großeltern, aber statt acht Urgroßeltern gibt es nur sechs (weil sie zwei Urgroßeltern gemeinsam haben).

Eheschließungen zwischen Cousins und Cousinen ersten Grades verringern die Anzahl der Ahnen in unserer Rechnung. Solche Eheschließungen sind allerdings nicht besonders verbreitet. Aber die gleiche Theorie passt auch auf Ehen zwischen entfernteren Cousins und Cousinen. Und das ist die Antwort auf das Rätsel um die sehr großen Zahlen, die wir herausbekommen haben: Wir sind alle verwandt. Die wirkliche Bevölkerungszahl der Welt zur Zeit von Julius Caesar betrug nur ein paar Millionen, und wir alle, alle sieben Milliarden, stammen von ihnen ab. Wir sind tatsächlich alle miteinander verwandt. Jede Heirat findet zwischen mehr oder weniger miteinander verwandten Cousins und Cousinen statt, die bereits viele Ahnen gemeinsam haben, bevor sie selbst eigene Kinder bekommen.

Dieser Theorie nach sind wir nicht nur entfernte Verwandte von allen Menschen, sondern auch von den Tieren und Pflanzen. Du bist ein Cousin oder eine Cousine von meinem Hund und von dem Salat, den du heute Mittag gegessen hast, und von dem nächsten Vogel, den du am Fenster vorbeifliegen siehst. Du und ich sind mit ihnen allen verwandt. Aber das ist eine andere Geschichte.

WOHER WEISS MAN,
DASS ALLE SCHNEEFLOCKEN
UNTERSCHIEDLICH SIND?

Justin Pollard
Historiker

Der erste Mensch, der auf den Gedanken kam, dass jede Schneeflocke anders sein muss, war ein Mann namens Wilson Bentley. Bentley wurde im Jahr 1865 geboren, und er wuchs im Bundesstaat Vermont in den USA auf, wo die Winter sehr kalt und sehr schneereich sind. Tatsächlich gibt es in den USA pro Jahr die meisten Schneefälle auf der ganzen Erde, inklusive der Antarktis. Bentley lebte außerdem in einem sehr kalten Bauernhaus. Es war dort so kalt, dass er irgendwann bemerkte, dass er Schneeflocken auf einer Kreidetafel ins Haus tragen und dort untersuchen konnte, ohne dass sie schmolzen.

Wilsons Mutter besaß zufällig ein altes Mikroskop, und im Alter von 15 Jahren beschloss er eines Tages, sich die Schneeflocken genauer anzusehen. Und das, was er sah, war erstaunlich. Jede einzelne Schneeflocke hatte eine wunderschöne, sechseitige Form, und keine war wie die andere.

Wilson Bentley wollte, dass alle sehen konnten, wie wunderschön Schneeflocken waren, aber selbst in seinem kalten Haus schmolzen sie früher oder später. Da hatte er eine Idee.

Er überredete seinen Vater, ihm 100 Dollar zu geben (was damals eine Menge Geld war, umgerechnet beinahe 1900 Euro), um sich eine Kamera und eine besondere Aufnahmevorrichtung zu kaufen, sodass er Fotos durch das Mikroskop machen konnte. Nicht viele Menschen wussten damals, wie das ging, und 1885 war Wilson Bentley der erste Mensch, der jemals auf diese Weise ein Foto von einer Schneeflocke gemacht hatte.

Er produzierte sein ganzes Leben lang diese Fotos und wurde schließlich unter dem Namen »Schneeflocke Bentley« bekannt. Am Ende besaß er 5381 Fotos von Schneeflocken, und jede einzelne war unterschiedlich. Im Sommer, wenn es keinen Schnee gab, fotografierte er das Lächeln hübscher Mädchen. Er starb 1931, nachdem er – als er mal wieder unterwegs war, um Schneeflocken zu sammeln – in einen Schneesturm geraten war und sich eine Erkältung zugezogen hatte.

Aber hatte er recht, dass jede einzelne Schneeflocke unterschiedlich ist?

Jede Schneeflocke entsteht als winziger Eiskristall in einer Wolke, der immer größer wird, während er herumwirbelt und zur Erde fällt. Die Form der Schneeflocke hängt von einer Menge Faktoren ab, darunter auch von der Kälte und der Luftfeuchtigkeit an all den Stellen, an denen sie sich jeweils befindet. Die Chancen, dass irgendwo zwei Schneeflocken auf genau die gleiche Weise wirbeln und fallen, ist also sehr gering.

Andererseits sind im Laufe der Zeit eine Menge Schneeflocken vom Himmel gefallen. Tatsächlich passen eine Million Schneeflocken in einen einzigen Liter Schnee, und im Laufe der Zeit, die unsere Welt schon existiert, könnte eine Quintillion Schneeflocken gefallen sein. Das ist eine sehr hohe Zahl.

Um dir eine Ahnung davon zu geben, wie hoch die Zahl ist, stell dir vor, man würde die gesamte Erde mit einer Quintillion Fünf-Euro-Scheinen bedecken ... die Schicht wäre überall 55 620 Kilometer dick.

Könnten also zwei Schneeflocken ganz genau gleich sein? Die Wahrheit ist, dass wir das nie mit Sicherheit sagen können, solange wir nicht alle angeschaut haben. Aber Mathematiker schätzen, dass von dieser Quintillion Schneeflocken nur zwei identisch aussehen würden, wenn man sie unter Bentleys Mikroskop legen würde, und wenn man ein wirklich richtig großes Mikroskop zur Verfügung hätte, würde man selbst dann noch winzige Unterschiede ausmachen können.

WARUM VERGEHT DIE ZEIT SO LANGSAM, WENN MAN MÖCHTE, DASS SIE SCHNELL VERGEHT?

Claudia Hammond
Psychologin und Radiomoderatorin

Das Problem mit der Zeit ist, dass sie sich verzerrt, und zwar nicht immer so, wie man das gern möchte. Die Uhr sagt das eine, aber der Verstand sagt etwas anderes. Wenn ich dich jetzt bitten würde, die Augen zuzumachen und zu raten – ohne zu zählen –, wann zwei Minuten vergangen sind, wärst du schon bald gelangweilt. Die Zeit würde sich lang anfühlen. Aber wenn du einen Film sehen würdest, würden die gleichen zwei Minuten wie im Fluge vergehen.

Hast du jemals das Gefühl gehabt, dass eine Unterrichtsstunde eigentlich schon zu Ende sein müsste, und dann bei einem Blick auf die Uhr festgestellt, dass sie noch nicht einmal zur Hälfte vorüber war? So etwas geschieht hauptsächlich dann, wenn man sich langweilt und möchte, dass die Zeit schnell vergeht. Wenn man sich langweilt, fängt man an, die Aufmerksamkeit auf die Zeit selbst zu richten. Man bemerkt, wie quälend langsam jede einzelne Minute vergeht. Aber wenn man sich einem Spiel widmet, das man besonders gern mag, passiert genau das Gegenteil. Du bist so vertieft, dass du gar

146

nicht auf die Idee kommst, dich auf die Zeit selbst zu konzentrieren. Du hast einfach viel zu viel Spaß an dem, was du tust. Wenn wir uns amüsieren, rast die Zeit dahin. Denk mal an die letzte Stunde vor dem Schlafengehen. Diese Zeit scheint regelrecht zu verschwinden.

Der Grund dafür, dass die Zeit langsam verstreicht, auch wenn man will, dass sie schnell vergeht, liegt in der Art und Weise, wie unser Gehirn Zeit zählt. Niemand weiß genau, wie dies geschieht, weil wir zwar Augen zum Sehen und Ohren zum Hören haben, aber keinen besonderen Körperteil, der einfach nur dafür da ist, die Zeit zu bemessen. Und doch sind wir erstaunlich gut darin zu schätzen, wann eine Minute vergangen ist. Du kannst es selbst einmal versuchen. Hol dir jemanden, der dir dabei hilft, aber überliste dich nicht selbst, indem du ein Krokodil... zwei Krokodile... drei Krokodile zählst!

Einer Theorie nach behält das Gehirn das Gefühl für die Zeit dadurch, dass es die eigenen Pulsschläge zählt, die es für bestimmte andere Dinge braucht. Unser Hirn ist sehr aktiv, selbst dann, wenn wir uns langweilen und glauben, dass wir gar nichts tun. Die Wissenschaftler sind der Meinung, dass unser Puls in den Momenten, in denen wir gelangweilt sind und anfangen, auf die Zeit zu achten, schneller wird. Dann zählt der Verstand die Pulsschläge, und wir denken, dass mehr Zeit vergangen ist, als es wirklich der Fall war. Mit anderen Worten, der Unterricht, den du nicht magst, geht noch weiter. Die Zeit ist langsamer geworden, auch wenn du dir wünschst, dass sie schnell vergeht.

Unser Verstand tut seltsame Dinge mit der Zeit. Wenn du einen wirklich langweiligen Tag hast, an dem du nichts tust, weil du zum Beispiel krank bist, vergeht die Zeit langsam. Aber wenn du später auf die Woche zurückblickst, in der du krank warst, fühlt es sich so an, als wäre sie schnell vergangen. Der Grund liegt darin, dass du nichts Neues getan hast, also braucht diese Woche nicht viel Platz in deiner Erinnerung, und daher wirkt sie kurz, wenn du dich an sie erinnerst. Zeit ist etwas Seltsames, und wir gewöhnen uns niemals richtig daran.

WER HAT ALS ERSTER ETWAS AUS METALL HERGESTELLT?

Neil Oliver
Archäologe

Lange bevor es Metallwerkzeuge gab, stellten die Menschen die Gegenstände, die sie brauchten, aus allen möglichen Arten von Steinen her. Nachdem sie hunderttausend oder gar Millionen von Jahren damit verbracht hatten, nach nützlichen Steinen und Kieseln Ausschau zu halten, wurden sie Experten darin, die verschiedenen Arten zu erkennen.

Dabei müsste es einigen etwas neugierigeren Menschen irgendwann einmal aufgefallen sein, dass einige Steine funkelten oder glänzten, wenn das Sonnenlicht auf sie fiel. Vielleicht sahen sie sie auch im flachen Flusswasser leuchten oder bemerkten glitzernde Streifen auf Klippen und Felsblöcken. Einige der glänzenden Flusskiesel waren kleine Goldklumpen, und nach ein bisschen Ausprobieren wird sich herausgestellt haben, dass dieses neue Material zwischen zwei harten Steinen zu verschiedenen Formen gehämmert werden konnte.

Die ersten Gegenstände aus Gold sind wohl vor vielen, vielen tausend Jahren entstanden. Es wäre nicht ganz richtig, sie als »Werkzeuge« zu bezeichnen. Diese frühen Goldgegenstände waren wohl eher eine Art Schmuck oder Glücksbringer.

Kupfer ist ein anderes Metall, das man in Erdklumpen findet. Es kann ein bisschen wie Gold geformt werden, während es noch kalt ist, aber es ist einfacher, es zu formen, wenn es über einem Feuer erwärmt wird. Von Zeit zu Zeit wird der Kupferklumpen aus Versehen in ein Kochfeuer gefallen sein, und es ist nur ein aufmerksamer Mensch nötig, der bemerkt, dass die Hitze das Kupfer so weich wie Butter macht.

Und hier wird es wirklich interessant: Kupfer kann sowohl in Erdklumpen auftauchen wie auch als strahlend blaue oder grüne Streifen im Felsgestein. Solche Steine waren vermutlich sehr reizvoll und auffällig, sodass Menschen sie aufgehoben und mit nach Hause genommen haben.

Es ist nicht schwer, sich vorzustellen, wie solche Steine ihren Weg zu den Herdstellen gefunden haben, oder in die Brennöfen, in denen Töpferwaren gebrannt wurden – entweder durch Zufall oder als Experiment. Wenn das Feuer heiß genug war, konnte manchmal flüssiges Kupfer aus den seltsamen blaugrünen Steinen herauslaufen. Stell dir nur vor, wie aufregend es gewesen sein muss, so etwas zum ersten Mal zu sehen, und wie unvergesslich!

Da es immer und überall einige Menschen gibt, die besonders aufmerksam und neugierig sind, ist es nur vernünftig anzunehmen, dass diese Entdeckung in den abertausend Jahren unserer Geschichte viele Male an allen möglichen Orten gemacht wurde. Wir wissen ganz sicher, dass die Menschen, die am östlichen Ende des Mittelmeeres gelebt haben – ungefähr in dem Land, das wir heute Türkei nennen –, vor 7000 oder 8000 Jahren Kupferwerkzeuge hergestellt haben. Auch in anderen Gegenden haben Menschen ebenfalls gelernt, Metall zu verarbeiten. In dem Land, das jetzt das moderne Bulgarien ist, waren die Menschen vor 6000 Jahren damit beschäftigt, und vor mindestens 5000 Jahren in dem Land, das heute Pakistan heißt, ebenfalls.

WIE KOMMEN DIE BLASEN IN DEN SPRUDEL?

Steve Mould
Moderator von Wissenschaftssendungen im Fernsehen

Du weißt, dass man Dinge wie zum Beispiel Zucker in Wasser auflösen kann? Was dabei passiert, ist Folgendes: All die kleinen Teilchen, aus denen ein Zuckerkörnchen besteht, lösen sich voneinander und verteilen sich. Man nennt diese Teile Moleküle, und sie sind so klein, dass man sie nicht sehen kann. Deshalb sieht es auch so aus, als würden die Zuckerkörner einfach verschwinden!

Nun, das Gleiche kann man mit Gasblasen machen. Aber um Gasblasen dazu zu bringen, sich aufzulösen, muss man sie richtig fest zusammenpressen. Das heißt, man muss eine Menge Druck aufbringen. Deshalb hört man ein Zischen, wenn man eine Dose mit einem sprudelnden Getränk öffnet. Es kommt davon, dass der Druck entweicht.

Und was passiert, wenn der Druck entweicht? All die kleinen aufgelösten Moleküle kommen wieder zusammen und bilden Blasen. Wenn du eine Dose aufmachst und ganz schnell trinkst, wachsen jede Menge Blasen in deinem Bauch und du kannst gewaltige Rülpser von dir geben.

WARUM IST DER HIMMEL BLAU?

Simon Ings
Sachbuchautor

Weißt du was? Der Himmel ist nicht blau. Zumindest gibt es kein blaues *Material*, keine blauen Pigmente am Himmel. Da spielen uns unsere Augen einen Streich. Da oben und überall um uns herum gibt es verschiedene Gase wie Sauerstoff, Stickstoff und Kohlendioxid. Darüber hinaus gibt es Staub, Wasserdampf, Sporen und winzige fliegende Tiere.

Wenn das Sonnenlicht auf etwas trifft, wird es reflektiert. Große Dinge wie der Mond reflektieren das Licht sehr gut. Der Mondstaub ist zwar dunkel, wirft das Licht aber so stark zurück, dass der Mond am Nachthimmel hell leuchtet. Ein winziges Gasmolekül ist allerdings zu klein, um als Spiegel zu dienen. Vielmehr verschluckt es das Licht und schickt es in irgendeine willkürliche Richtung weiter. Mit anderen Worten: Jedes Molekül in der Luft ist eine winzige, flackernde Lichtquelle.

Stell dir vor, Licht wäre ein Geräusch. Das Sonnenlicht ist nicht nur ein bestimmter Ton mit einer bestimmten Tonlage, der auf einem Instrument gespielt wird; es ist ein riesiges Orchester, das jede vorstellbare Tonlage in jeder vorstellbaren Lautstärke spielt! Wir sehen allerdings nur einen Teil dieser

Musik. Unsere Augen nehmen verschiedene Tonlagen des Lichts als Farben wahr: violett, blau, grün, gelb, orange, rot und purpur.

Luftmoleküle verschlucken blaues Licht sehr leicht ... und schicken es auch genauso leicht wieder weg. Deshalb gibt es überall am Himmel blaues Licht, und deshalb erreicht es unsere Augen auch aus allen Richtungen. Wohin wir auch blicken, werden wir mit blauem Licht bombardiert. Und deshalb sieht der ganze Himmel blau aus.

Die anderen Farben verteilen sich nicht annähernd so leicht in der Erdatmosphäre, und sie erreichen uns in einer mehr oder weniger geraden Linie. Schaue NIE direkt in die Sonne, denn wenn du das tust, trifft jede Farbe dort (abgesehen von dem kleinen Himmelsblau) gleichzeitig auf deinen Augenhintergrund. So viel Licht auf einmal kann deinen Augen großen Schaden zufügen.

Würde sich in der Atmosphäre des Mars mehr Gas befinden, gäbe es auch dort einen blauen Himmel. Es ist aber so, dass dort nicht genügend Gas ist, sodass dieser Verteilungseffekt nicht eintritt. Wenn du auf der Marsoberfläche stehen und nach oben schauen könntest, würdest du einen Himmel sehen, der von reinem Sonnenlicht weiß und vom Staub beige gefärbt ist.

An den Polen der Erde steht die Sonne tief am Himmel, und das Sonnenlicht muss mehr Atmosphäre durchdringen, bevor es auf den Boden trifft. Hier ist der Himmel *besonders* blau.

WIE KONZENTRIEREN SICH SPORTLER, WENN DIE ZUSCHAUER LAUT SIND?

Colin Montgomerie
Golfspieler

Ich bin Golfspieler, und Golf unterscheidet sich von anderen Sportarten. Es handelt sich dabei um einen Individualsport, bei dem die Herausforderung vor allem im Mentalen besteht. Wenn man an einem Einzelturnier teilnimmt, muss man sich so sehr konzentrieren, dass man nicht viel hört – und die Zuschauer von Golfturnieren wissen das für gewöhnlich und verhalten sich sehr rücksichtsvoll. Wenn man von einer großen Menge begleitet wird, die laut ist, heißt das normalerweise, dass man gut spielt, also sollte man sich nicht beklagen.

Bei Mannschaftsspielen wie dem Ryder Cup kommen manchmal riesige Zuschauermengen zusammen, und die können dann auch so.laut sein wie die Zuschauer beim Fußball. Wenn du vor heimischem Publikum spielst, kann dich das ermutigen, gut zu spielen, und es sorgt für jede Menge Adrenalin. Es gibt nichts Besseres, als zu hören, wie die Menge deinen Namen ruft. Spielst du aber auswärts, kann das sehr an den Nerven zehren, und manchmal sind die Zuschauer auch ziemlich unfreundlich, sodass es anstrengender ist, sich zu konzentrieren. Man darf die Rufe allerdings nicht persönlich nehmen, sondern muss versuchen, sie auszublenden oder sich von ihnen inspirieren zu lassen, um sogar noch besser zu spielen.

Am besten konzentriert man sich, indem man alles vergisst, was um einen herum vor sich geht. Einfach nur an den nächsten Schlag denken. Man muss lernen, der Menge zu vertrauen, und hoffen, dass niemand genau in dem Moment etwas brüllt, in dem man zum Aufschwung ausgeholt hat oder kurz vor dem Schlag steht.

Ich denke, je mehr Erfahrung man mit großen Mengen hat, desto leichter fällt es einem, sich zu konzentrieren. Man gewöhnt sich an den Jubel und den Lärm, den die Zuschauer veranstalten, und erinnert sich daran, dass die Möglichkeit, in einer solchen Umgebung spielen zu dürfen, ja auch der Grund dafür ist, weshalb man viele Jahre lang so viel trainiert hat. Wenn wir die Besten sein wollen, sollten wir auch wollen, dass Zuschauer uns beim Spielen zusehen und uns anfeuern – denn das heißt ja, dass wir gut spielen und hoffentlich die Chance darauf haben, ein Turnier zu gewinnen.

HABEN AFFEN UND HÜHNER
IRGENDETWAS GEMEINSAM?

Dr. Yan Wong
Evolutionsbiologe und Moderator von Wissenschaftssendungen
im Fernsehen

Mehr, als du dir vorstellen kannst. Denk zum Beispiel einfach
mal daran, wie sie aussehen. Beide Tierarten haben ein vorde-
res Ende (einen Kopf mit zwei Augen, einen Mund, ein Gehirn
und so weiter), ein hinteres Ende (After und Schwanz), zwei
Beine (komplett mitsamt Knien und Zehen), und zwei »Arme«. Zugegeben, die Arme eines Huhns sehen ein bisschen anders aus, damit es fliegen kann, weshalb wir ihnen auch einen
anderen Namen gegeben haben: Sie heißen nämlich Flügel.
Aber wenn du ein gebratenes Hähnchen isst, wirst du in den
Flügeln die gleichen grundlegenden Knochen finden wie in
deinem eigenen Arm oder dem Arm eines Affen.

Biologen bezeichnen diese tiefe Ähnlichkeit als »Homolo-
gie«, und sie wird sogar noch deutlicher, wenn man einen
Blick unter die Haut wirft. Affen und Hühner haben die gleichen Organe (Lunge, Herz, Leber, Niere), die die gleichen Auf-
gaben erfüllen. Unter einem Mikroskop haben die Tiere sogar
noch mehr Gemeinsamkeiten. Ihre Körper bestehen aus den
gleichen grundlegenden Zellen, die auf fast identische Weise

arbeiten. Wenn man noch näher heranzoomt und die winzigen Moleküle untersucht, die die chemischen Reaktionen des Lebens kontrollieren, stellt man fest, dass sie zum großen Teil fast identisch aussehen.

Es gibt einen guten Grund, warum Affen und Hühner so viel gemeinsam haben. Sie stammen beide ursprünglich vom gleichen Tier ab: einer echsenähnlichen Kreatur, die vor etwa 300 Millionen Jahren gelebt hat. Von diesem gemeinsamen Vorfahr haben sie die gleiche DNA geerbt – den gleichen Satz an »Bauanleitungen«. Affen und Hühner sehen nur deshalb ein bisschen anders aus, weil sich diese Anleitungen seither sehr leicht verändert haben.

Tatsächlich ist alles Leben miteinander verbunden. Tiere, darunter auch Affen und Hühner und wir selbst, haben die gleichen Vorfahren wie, sagen wir, ein Baum. Wir glauben vielleicht nicht, dass wir viel mit Bäumen gemeinsam haben, weil unser gemeinsamer Vorfahr vor etwa tausend Millionen Jahren gelebt hat. Aber wenn man genau hinsieht, kann man die Verwandtschaft an den wesentlichen Einzelheiten unserer Biologie erkennen.

WIE HABEN DIE MENSCHEN SCHREIBEN GELERNT?

John Man
Autor von Büchern über das Schreiben

Vor langer, langer Zeit, bevor es die Schrift gab, mussten die Menschen sich merken, was sie zueinander sagten, denn es gab keine Möglichkeit, ein Gespräch aufzuzeichnen. Das ging auch gut, solange das Leben einfach war. Wenn man zum Beispiel mit dem Nachbarn ein Huhn gegen einen Korb Äpfel tauschen wollte, oder wenn man wollte, dass der Priester im Tausch für ein Huhn zu den Göttern betete.

Was aber war, wenn man die Äpfel oder Gebete sofort haben wollte, aber der Nachbar oder Priester das Hühnchen erst morgen, nächste Woche oder nächsten Frühling brauchte? Was war, wenn der Zeitpunkt kam und der Nachbar oder Priester sagte: »Aber du hast *zwei* Hühner gesagt!«, und man sich nicht genau daran erinnern konnte, was man vereinbart hatte? Es muss eine Menge Streitigkeiten darüber gegeben haben, wer was wann zu wem gesagt hatte.

Um herauszufinden, wie das mit der Schrift angefangen hat, musst du 10 000 Jahre zurückblicken, dorthin, wo heute der Irak liegt, der damals Mesopotamien genannt wurde. Es handelt sich um ein heißes Gebiet mit zwei großen Flüssen, dem Tigris und dem Euphrat. Mesopotamien bedeutet »Zweistromland«. Große Flüsse sind von Vorteil, wenn es um Nahrungsmittel und Transportmöglichkeiten geht. Sie bieten Wasser für alle möglichen Arten von Feldfrüchten, die in Booten transportiert werden können, und sie versorgen die Städte mit Trinkwasser.

In einem großen, komplizierten und reichen Land wie Mesopotamien mussten die Menschen aufzeichnen, was so alles geschah, ganz besonders die Priester. Und sie fanden unter ihren Füßen, in der häufig überfluteten Erde, das, was sie brauchten – Lehm. Es war einfach, kleine, weiche Lehmkugeln herzustellen und dann einen Schilfhalm als eine Art Holzgriffel zu benutzen, um Zeichen hineinzuritzen, die so etwas besagten wie »zwei Hühner« oder »sieben Schafe«.

Du kannst das heute auch machen: Dazu brauchst du lediglich etwas Lehm und einen Zweig. Da die Griffel dreieckige Spitzen hatten, machten sie dreieckige Zeichen, und daher nennt man die Schrift Keilschrift, was »in Form eines Dreiecks« bedeutet. Dann wurde der Lehm in einem Ofen gebrannt, und die harten Kugeln wurden in den Amtsstuben aufbewahrt, um in den bevorstehenden Monaten und Jahren Streitereien zu verhindern.

Später haben die Schreiber gelernt, viele verschiedene Zeichen zu machen, um alle Wörter ihrer Sprache aufzuzeichnen. Sie konnten viele verschiedene Dinge niederschreiben: Berichte über Kriege, Listen von Königen und Beamten und die Geschichten, die Eltern ihren Kindern erzählten. Wissenschaftler haben mittlerweile Zehntausende dieser Tontafeln ausgegraben, und die Gelehrten wissen, was die Zeichen zu bedeuten haben.

Die Zeit verging, und zwei andere große Flüsse machten ihre Regionen groß und reich. Einer war der Nil in Ägypten. Vor etwa 5000 Jahren erfanden die Priester in Ägypten andere Zeichen. Sie schrieben auf Tempelwänden und auf einer Art Papier, das aus Schilf hergestellt wurde. Sie verfassten die Geschichten von Göttern und Königen in einer Bilderschrift, die Hieroglyphen genannt wurde, was »heilige Schrift« bedeutet.

2000 Jahre später erbauten Menschen in China Städte an ihrem großen Fluss, dem Yangtse. Hier taten die Priester etwas wirklich sehr Seltsames. Sie erhitzten Schildkrötenpanzer im Feuer, um sie aufplatzen zu lassen, und dann benutzten sie die Bruchstücke so, wie heute einige Menschen Teeblätter verwenden, nämlich um die Zukunft vorherzusagen. Ihre Urteile kratzten sie neben die Stücke. Das war die Grundlage der chinesischen Schrift. Man hat Hunderte dieser aufgebrochenen Schildkrötenpanzer gefunden, und sie zeigen, dass ein paar Zeichen aus dieser Zeit vor 3000 Jahren bis heute überdauert haben.

WARUM SEHEN WISSENSCHAFTLER SICH BAKTERIEN AN, UND WARUM KANN ICH SIE NICHT SEHEN?

Joanne Manaster
Biologin und Universitätsdozentin

Wenn wir von Bakterien sprechen, meinen wir vor allem die Bakterien und Viren, die uns krank machen. Es ist erstaunlich, dass Organismen, die so winzig sind, dass wir sie noch nicht einmal durch ein normales Vergrößerungsglas sehen können, manchmal dafür sorgen, dass wir uns so schrecklich fühlen!

Unsere Augen können etwas nur dann klar erkennen, wenn es mindestens 200 Mikrometer groß ist; so dick ist ungefähr ein einzelnes Haar. Die meisten Bakterien sind ungefähr einen Mikrometer groß, was bedeutet, dass 200 davon so breit wie ein einziges Haar sind.

Wenn wir Bakterien sehen wollen, benutzen wir Lichtmikroskope. Damit können wir erkennen, dass einige Bakterien wie kleine Kugeln aussehen, andere wie winzige Stäbe und wieder andere wie gewundene Korkenzieher. Manchmal sind sie allein, und manchmal mögen sie es, Ketten zu bilden oder zusammenzuklumpen. Mit einem besonders gefärbten Reagens können wir sehen, dass Bakterien sich voneinander unterscheiden. Einige sehen purpurn aus und andere pinkfarben.

Durch den Einsatz von noch leistungsfähigeren Mikroskopen konnten Wissenschaftler erkennen, dass sich auch die Wände oder Grenzen von Bakterien unterscheiden können. Diese Unterschiede geben den Wissenschaftlern Aufschluss darüber, was genau es an den Bakterien ist, das die Menschen krank macht. Einige Bakterien sind aufgrund ihrer Beschaffenheit in der Lage, Menschen sehr, sehr krank zu machen. Wenn die Wissenschaftler mehr darüber wissen, wie die Bakterien konstruiert sind, können sie bessere Medikamente entwickeln und unseren Körpern helfen, gegen die Krankheit anzukämpfen.

Wenn du wegen einer Hautentzündung zum Arzt gehst, gibt er dir vielleicht ein Antibiotikum. Wenn du wegen einer anderen Krankheit hingehst, zum Beispiel weil du Halsschmerzen oder schlimme Bauchschmerzen hast, gibt er dir vielleicht ein anderes Antibiotikum, denn der Arzt erkennt normalerweise anhand deiner Symptome, welche Bakterien dich krank machen und welche Tabletten diese Bakterien am besten zerstören. Die Tabletten sind so entwickelt, dass sie – ausgehend von dem, was wir über Bakterien wissen, indem wir sie uns ganz genau ansehen – ihre Struktur und die Art, wie sie wirken, zerstören.

Manchmal gehst du zum Arzt und bekommst kein Antibiotikum; das könnte daran liegen, dass du eine Infektion hast, die durch ein Virus verursacht wird. Viren sind noch winziger als Bakterien und sehen auch anders aus und verhalten sich anders. Daher helfen die Tabletten, die gegen Bakterien wirken, bei Viren nicht.

ESSEN MENSCHEN IRGENDWO EISBÄREN ODER LÖWEN?

Benedict Allen
Forscher

Nein, der Aufwand dafür wäre viel zu groß. Wenn es darum geht, einen schmackhaften Leckerbissen zu finden, den man essen kann, ist es für uns Menschen einfacher, Tiere zu fangen, die nicht so riesige Zähne oder furchterregende Klauen haben. Es stimmt, dass sowohl Löwen als auch Eisbären sehr gut darin sind, Menschen zu finden, was bedeutet, dass man nicht extra hinter ihnen herrennen muss. Allerdings hast du dafür das Problem, dass du halb gefressen sein wirst, bevor du darüber nachdenken kannst, wie du deinen Eisbären oder Löwen zubereiten willst.

Als ich in der Mongolei war, die weit weg von hier in Asien liegt, habe ich bei sehr netten Menschen gelebt, den Tsaatan, die in Zelten aus Rentierfellen wohnten und mit ihren Rentierherden durch die verschneiten Wälder zogen. Eines Abends kam ein Mann in das Zelt der Familie, bei der ich wohnte. Er sah sehr müde aus und erklärte, dass er gerade von einem Bären gejagt worden sei, der ihn fressen wollte, weil seine Kleidung aus herrlichen, warmen Rentierfellen bestand. Der Bär hielt ihn offenbar für ein Rentier, weil er wie eines roch! Egal, wie laut er auch rief, der Bär rannte weiter hinter ihm her. Das war ein ziemliches Chaos.

Als der Bär schließlich bemerkte, dass er gar kein Rentier verfolgte, dachte er sich, dass er den Mann ja trotzdem fressen konnte. Am Ende musste der Mann den Bär mit seinem Taschenmesser verjagen. Die Klinge war nicht so gut wie die Klauen des Bären, daher dauerte es einige Zeit. Du verstehst also, warum der Mann so müde war. Ich habe ihm eine Tasse Tee gegeben, und eine freundliche Frau hat ihm seine zerrissene Kleidung geflickt.

Bei Löwen ist es das Gleiche. Es ist nicht so einfach, sie zu essen. Ich bin einmal mit meinen drei Kamelen durch die Namib – eine Wüste in Afrika – gezogen. Mein Lieblingskamel war Nelson, und wenn es eines gab, was Nelson nicht mochte – abgesehen von Giraffen, die größer waren als er –, dann waren das Löwen. Er mochte die Art und Weise nicht, wie sie sich an uns anschleichen wollten. Mir ging es genauso. Ich mochte es kein bisschen. Sowohl Nelson als auch ich wollten nach Hause zurückkehren.

Die Löwen haben uns nachts umkreist. Ich war mir sicher, dass sie überlegten, wer von uns am besten zu essen wäre. Ich war mir auch sicher, dass sie mich nehmen würden, denn Kamele können schnell rennen, und sie können auf großen Dingen, die ihnen auflauern, herumspringen. Menschen können das nicht.

Also, auch wenn Menschen Affen und Schlangen und Fledermäuse und sogar Spinnen essen, halten sie sich von Eisbären und Löwen lieber fern. Und sie hoffen, dass die Eisbären und Löwen sich auch von ihnen fernhalten.

WARUM VERÄNDERT DER MOND SEINE FORM?

Professor Chris Riley
Sachbuchautor und Moderator von Wissenschaftssendungen
im Fernsehen

Alles, aber auch wirklich alles im Universum ist in Bewegung!
Die Erde und der Mond bilden da keine Ausnahme. Genau in
diesem Moment, in dem du dieses Buch liest, rast du mit dem
Buch und deinem Haus, deiner Straße, deinen Nachbarn und
allen anderen, die du kennst, mit mehr als 27 Kilometern pro
Sekunde durch den Weltraum, weil die Erde um die Sonne
kreist.

Und wenn du den Mond aus deinem Fenster sehen kannst,
schau ihn dir lang und eingehend an und denk daran, dass er
ebenfalls mit mehr als einem Kilometer in der Sekunde um die
Erde rast. Ich weiß, dass das schwer zu glauben ist, da du gar
nicht sehen kannst, dass er sich bewegt. Aber das liegt nur daran, weil er wirklich sehr weit von uns weg ist: etwa 385 000
Kilometer, was circa dem Weg entspricht, wenn man zehn Mal
um die Erde reist.

Bei so viel Abstand zur Erde braucht der Mond etwa einen
Monat, um uns einmal zu umkreisen. Du hast wahrscheinlich
bemerkt, dass sich während dieser Zeit sein Aussehen verän-

dert und er sich von einem dünnen Splitter oder einer Sichel in einen ganzen Kreis verwandelt, dann wieder zu einer dünnen Sichel wird, bevor er für etwa einen Tag ganz verschwindet. Wie können wir uns diese dramatischen Veränderungen erklären? Irgendwelche Vorschläge? Nein? Dann ist es Zeit für ein Experiment.

Du brauchst ein dunkles Zimmer, in dem du den Weltraum simulieren kannst, eine Lampe (für die Sonne) und einen Apfel (für den Mond). Die Rolle der Erde wirst du selbst übernehmen!

Schalte die Sonne in einer Ecke des Zimmers ein (deine Lampe) und mach alle anderen Lichter aus. Stell dich hin, strecke den Arm aus und halte den Apfel auf deiner Faust in die Richtung des Lichts.

Da alles Licht auf die eine Seite des Apfels fällt, sollte die Seite, die du sehen kannst, dunkel sein. Jetzt mach eine Achtelumdrehung nach rechts, während du den Mond (deinen Apfel) weiter auf Armeslänge von dir gestreckt hältst. Wie sieht er jetzt aus? Du müsstest an der linken Seite deines »Mondes« einen kleinen Splitter leuchten sehen können.

Mach jetzt wieder eine Achtelumdrehung nach rechts. Der Mond wird zur Hälfte von der Sonne (deiner Lampe) beleuchtet. Halte ihn weiter auf Armeslänge von dir gestreckt und mach eine weitere Viertelumdrehung nach rechts. Jetzt müsste die »Sonne« hinter dir sein, und solange du keinen Schatten auf den »Mond« wirfst, wirst du erkennen, dass die Seite des Apfels, die du sehen kannst, voll beleuchtet ist, wie ein Vollmond. Wenn du dich weiter nach rechts drehst und den »Mond« ausgestreckt von dir hältst, wirst du bemerken, dass der beleuchtete Teil wieder leicht zu schrumpfen beginnt, zu-

erst zu einem Halbkreis und dann zu einer Sichel, bevor er
ganz verschwindet, während du ihn dorthin zurückbewegst,
wo du angefangen hast.

Was du gerade nachgespielt hast, ist genau das, was passiert, wenn der Mond einen Kilometer in der Sekunde um die
Erde kreist. Dein Experiment beweist auch, dass der Mond
keine flache Scheibe ist, wie es manchmal scheint, wenn er am
Nachthimmel zu sehen ist, sondern eine kugelförmige Welt
wie die Erde, die aus einer bestimmten Richtung von der Sonne beschienen wird.

GEHEN DIE ZAHLEN IMMER WEITER?

Marcus du Sautoy
Mathematiker

Hier ist ein Mathematiker-Witz, den ich besonders schön finde. Er hilft dabei, die Frage zu beantworten.

Ein Mathematiklehrer fragt die Klasse: »Was ist die größte Zahl?«

Eines der Kinder hebt schnell die Hand. »Eine Trillion«, verkündet es.

»Und was ist mit einer Trillion und eins?«, fragt der Lehrer.

»Nun, ich war nah dran«, sagt das Kind triumphierend.

Dies ist deshalb so witzig (natürlich tötet es jeden Witz, wenn man erklärt, worin der Witz liegt), weil das Kind denkt, bei der Antwort des Lehrers – eine Trillion und eins – würde es sich tatsächlich um die größte Zahl handeln. In Wirklichkeit hat der Lehrer aber auf die Frage geantwortet: »Gehen die Zahlen immer weiter?«

Wenn Zahlen nicht immer weitergingen, gäbe es eine höchste Zahl. Aber wenn es eine höchste Zahl gäbe, könnte ich den gleichen Trick anwenden wie der Lehrer. Ich könnte der Zahl noch eine eins hinzufügen, und dann hätte ich eine Zahl, die größer ist.

Die Zahlen gehen niemals aus. Sie gehen immer weiter.

WOHER KAM DER ERSTE SAMEN?

Dr. Karen James
Evolutionsbiologin

Wenn du an eine Pflanze denkst, siehst du wahrscheinlich eine Blume vor dir oder einen Baum oder eine Wiese. All diese Pflanzen wachsen aus Samen, und sie produzieren auch Samen. Aber es gibt andere Pflanzen, die nicht aus Samen entstehen. Farne und Moose haben keine Samen und keine Blüten, sondern pflanzen sich durch Sporen fort. Sporen sind so ähnlich wie Samen, aber es gibt ein paar wichtige Unterschiede (mehr darüber später). Und dann gibt es noch ganz andere Pflanzen, die Algen genannt werden und im Wasser leben. Sie bringen weder Sporen noch Samen hervor, sondern vermehren sich auf ganz andere Weise.

Vor etwa 350 Millionen Jahren haben sich die struppigen Mooswälder, die es bis dahin gab, zurückgezogen und beeindruckenderen Wäldern aus baumähnlichen Farnen Platz gemacht. Auf ihnen krabbelten Insekten und spinnenähnliche Lebewesen herum. Sie nutzten es aus, dass diese Pflanzen ihnen Nahrung und Schutz boten. Im Wasser entwickelten sich die Flossen einiger Fische zu Beinen, sodass sie an Land gehen konnten. Sie wurden Amphibien – die Vorfahren von Fröschen, Kröten und Molchen.

Irgendwann während dieser Zeit geschah es, dass sich die Sporen einiger farnähnlicher Pflanzen weiterentwickelten und größer wurden; sie bildeten einen stärkehaltigen Nährstoffspeicher im Innern sowie eine wasserfeste Hülle aus. Dies waren die ersten Samen. Die Nahrungsspeicher verschafften den jungen Pflanzen in schwierigen Umgebungen einen Vorteil, und ihre wasserfeste Hülle half ihnen, in trockenen, unwirtlichen Gegenden zu überleben – in Gegenden, in denen Sporen keine Chance gehabt hätten.

Als der Naturforscher Charles Darwin sein berühmtes Buch *Über die Entstehung der Arten* schrieb, machte er bei sich zuhause – im Down House in Kent – Experimente, um zu zeigen, wie lange verschiedene Arten von Samen im Meerwasser überleben können. (Die meisten Samen mögen lieber frisches Wasser, daher zählt Meerwasser zu den unwirtlichen Orten.) Anhand der Ergebnisse stellte er einige Berechnungen an, um aufzuzeigen, wie weit die Samen theoretisch über einen Ozean reisen könnten. Das war wichtig, weil man sich zu Darwins Zeiten nicht vorstellen konnte, wie Pflanzen z. B. auf weit entfernten Inseln hätten leben und gedeihen können, wenn sie dort nicht eigens erschaffen worden waren. Darwin zeigte, dass sie als Samen dorthin gereist sein konnten – über den Ozean –, um dann dort zu einer neuen Spezies heranzuwachsen.

Die wasserdichten Hüllen von Samenkapseln helfen ihnen nicht nur, an trockenen Orten und im Ozean zu überleben, sondern manchmal auch, eine sehr lange Zeit zu überdauern. Im Jahr 2005 haben Wissenschaftler in Israel erfolgreich einen 2000 Jahre alten Samen zum Keimen gebracht!

All diese Vorteile von Samen haben den frühen Samenpflanzen vor vielen Millionen Jahren geholfen, erfolgreich zu sein. Wenn du also das nächste Mal über eine Wiese gehst, ein Baumwollhemd anziehst oder eine Schüssel Haferflocken isst, denk an die Vorfahren dieser Pflanzen. Und dass sie sich aufgrund der Art und Weise, wie sie Energie speichern und sich einen wasserdichten Schutz zuziehen, zu den zigtausend schönen – und nützlichen – Pflanzen entwickelt haben, mit denen wir uns heute diese Erde teilen.

WIESO WAR GUY FAWKES SO BÖSE?

Philippa Gregory
Autorin historischer Romane

Guy Fawkes war *außerordentlich* böse, da er plante, den König von England in die Luft zu sprengen, und das war – auch im Jahre 1605 – eine üble Sache. Er selbst hätte sicherlich gesagt, dass es der einzige Weg war, um zu verhindern, dass England sich von der katholischen Kirche abwandte. Guy (der auch Guido genannt wurde) war ein Katholik – ein Christ, der davon überzeugt war, dass es sich wirklich und wahrhaftig um den Leib und das Blut Jesu handelte, wenn der Priester bei der Messe Brot und Wein darbot. Alle Christen in Europa glaubten dies so lange, bis bestimmte Reformer anfingen zu denken, dass das Brot und der Wein zwar als »Leib und Blut« Christi bezeichnet werden, sich aber eigentlich nicht verändern.

Diese Frage hätte einfach einer von vielen anderen religiösen Streitpunkten sein können, über die die Leute redeten, aber Heinrich VIII. und nach ihm seine Tochter Königin Elisabeth I. machten die neue reformierte Kirche zur einzigen Religion, die in England erlaubt war. Die Menschen, die noch an die katholische Sichtweise glaubten und dem Papst folgten, wurden plötzlich als Verbrecher bezeichnet, denen hohe Strafen drohten.

Auf Königin Elisabeth folgte Jakob I., und Guy Fawkes glaubte, den neuen König davon abhalten zu müssen, England die reformierte Religion aufzuzwingen. Und er hielt es für das Beste, ihn zusammen mit vielen anderen wichtigen Leuten bei der Eröffnung des Parlaments in die Luft zu jagen.

Guy Fawkes und vier andere Männer sammelten 36 Fässer Schwarzpulver, aber ihr Plan wurde aufgedeckt und Guy wurde festgenommen, als er das Schwarzpulver bewachte. Er wurde in den Tower geschafft und gefoltert, bis er gestand.

Man verurteilte ihn zu einem schrecklichen Tod durch »Hängen, Ausweiden und Vierteilen«. Dies bedeutete, dass der Gefangene so lange am Galgen hing, bis er fast tot war, dann wieder heruntergelassen wurde, dass ihm der Bauch aufgeschnitten wurde und seine Eingeweide herausgezogen und verbrannt wurden, während er selbst zusah, bis er starb. Danach sollte sein Körper geviertelt und in die vier Ecken des Königreiches geschickt werden, damit alle erfuhren, wie schrecklich ein Verräter bestraft wird.

Es war klar – selbst für König Jakob, den er zu töten versucht hatte –, dass Guy nur das getan hatte, was er für Gottes Wille hielt. Aber es gab keine Gnade für ihn. Durchtrieben, wie er bis zum bitteren Ende war, gelang es ihm, den schrecklichen Qualen der geplanten Hinrichtung zu entgehen. Er schaffte es, vom Schafott herunterzuspringen, sich das Genick zu brechen und schnell zu sterben.

Viele Menschen waren so froh, dass der König in Sicherheit war und in England Ruhe herrschte, dass sie Freudenfeuer anzündeten. Später ordnete das Parlament an, dass jedes Jahr am 5. November gefeiert werden sollte. Dies ist die Nacht der Freudenfeuer zur Erinnerung an Guy Fawkes.

WAS MUSS MAN TUN, UM AN DEN OLYMPISCHEN SPIELEN TEILNEHMEN ZU KÖNNEN?

Jessica Ennis
Sportlerin

Trainiere hart, kümmere dich um deine körperliche und mentale Verfassung und lass dich niemals von den schlechten Tagen unterkriegen, denn hinter der nächsten Biegung wartet bereits ein guter.

WER WAR DER ERSTE KÜNSTLER?

Michael Wood
Historiker

Das ist eine tolle Frage, und du stellst sie zu einer Zeit, in der gerade eine erstaunliche Entdeckung gemacht wurde. Denn vor Kurzem wurde ein prähistorischer Malkasten in der Blombos-Höhle an der Küste von Südafrika gefunden. Er ist wahrscheinlich mehr als 90 000 Jahre alt! Man hat Muschelschalen mit roten und gelben Farben darin entdeckt, zusammen mit Mahlsteinen und Knochenspateln zum Mischen der Farben. Wir glauben, dass die Menschen, die diesen Malkasten benutzt haben, ihre Körper und die Höhlenwände mit den Fingern bemalt haben.

Menschen sind schöpferische Wesen. Bevor wir eine Sprache sprechen konnten, müssen wir Maler, Steinmetze, Bastler und Schnitzer gewesen sein. Aber wer waren die ersten Künstler? Man hat überall auf der ganzen Welt prähistorische Malereien gefunden, und viele davon sind gespenstische Bilder, die uns Höhenflüge der menschlichen Fantasie zeigen. Wenn du dir die labyrinthischen, geometrischen Muster der australischen Aborigines ansiehst oder die geheimnisvollen kosmischen Muster in Indien oder die wirbelnden Jagdszenen in den Höhlen von Südfrankreich, berührst du das Geheimnis der künstlerischen Schöpfung an sich. Dies sind Botschaften, die uns unsere Vorfahren geschickt haben. Sie spürten die Notwendigkeit zu malen und wollten ihrer Umwelt und dem Universum ihre Antworten hinterlassen.

Natürlich werden wir nie wissen, wer die allerersten Künstler waren. Aber es waren Künstler. Nimm zum Beispiel die uralte, winzige Schnitzerei einer Frauengestalt, die im Jahr 2008 gefunden wurde und als Venus vom Hohlefels bezeichnet wird. Die Figur ist nur sechs Zentimeter hoch und aus Mammut-Elfenbein geschnitzt. Wenn man sie ansieht, kann man aber erkennen, dass, wer immer sie erschaffen hat, über eine unglaubliche Empfindsamkeit verfügt haben muss. Die Figur ist 40 000 Jahre alt und stammt aus einer Epoche, in der die Kunst – und vielleicht auch die Musik – anscheinend einen großen Sprung gemacht hat.

Und das früheste großartige Kunstwerk? Es gibt so viele, aus denen man wählen kann, aber ich finde die frühen Malereien in den Altamira-Höhlen in Spanien am schönsten. Sie haben mich schon als Kind fasziniert, und auch heute noch sind die Bilder buchstäblich ehrfurchtgebietend. Die Tiere sind fantastisch: Bisons in tiefem, leuchtendem Orange mit schwarzen Konturen, deren Bewegungen mit erstaunlicher Lebendigkeit eingefangen wurden. Als man sie im 19. Jahrhundert gefunden hat, haben manche Forscher sie für Fälschungen gehalten, weil prähistorische Menschen angeblich weder die Fähigkeit noch die Intelligenz oder den Weitblick hätten haben können, um solche Dinge zu erschaffen. Wie sehr sie sich doch geirrt haben!

WORAUS BESTEHE ICH?

Professor Lawrence Krauss
Teilchenphysiker und Kosmologe

Sternenstaub. Nun ja, in gewisser Weise.

Alles in unserem Körper und alles, was du um dich herum sehen kannst, besteht aus winzigen Teilchen, die Atome genannt werden. Es gibt verschiedene Arten von Atomen, die als Elemente bezeichnet werden. Wasserstoff, Sauerstoff und Kohlenstoff sind drei der wichtigsten Elemente in deinem Körper.

Tatsächlich macht Wasser den größten Teil deiner Körperzellen aus. Du bestehst zu fast 90 Prozent aus Wasser. Jedes Wassermolekül beinhaltet zwei Wasserstoffatome, die leicht sind, und ein schwereres Atom, das ein Sauerstoffatom ist.

Wie sich herausgestellt hat, bestehen Atome sogar aus noch kleineren Teilchen, die Protonen, Neutronen und Elektronen genannt werden. Protonen und Neutronen bestehen wiederum aus noch kleineren Teilchen, den sogenannten Quarks. Soweit wir wissen, gibt es in Elektronen und Quarks keine noch kleineren Teilchen mehr.

Also, wieso bestehst du aus Sternenstaub?

Am Anfang unseres Universums stand eine große Explosion, der sogenannte Urknall oder Big Bang, der vor 13 Milliarden Jahren stattgefunden hat. Aber in dieser Explosion haben sich nur die allerleichtesten Elemente aus Protonen, Neutronen und Elektronen gebildet. Die schwereren Elemente wie Sauerstoff und Kohlenstoff, die so wichtig für unseren Körper sind, wurden dagegen in den glühenden Schmiedeöfen im Innern der Sterne gebildet, wo die Temperatur Hunderte von Millionen Grad überschreiten kann.

Wie sind diese Elemente in unsere Körper gelangt? Es gibt nur einen einzigen Weg, wie sie dorthin kommen und all das Material bilden konnten, das auf der Erde existiert: indem einige dieser Sterne vor langer Zeit explodiert sind und dadurch alle Elemente aus ihrem Innern hinaus in den Weltraum geschleudert haben. Dann begann vor etwa viereinhalb Milliarden Jahren in unserem Teil der Galaxis das Material im Weltraum zu kollabieren. Auf diese Weise wurden die Sonne gebildet, und auch das sie umgebende Sonnensystem und das Material, aus dem alles Leben auf der Erde besteht.

Also sind die meisten Atome, die jetzt deinen Körper bilden, im Innern von Sternen erschaffen worden! Die Atome in deiner linken Hand können von einem anderen Stern gekommen sein als die in deiner rechten Hand. Du bist wirklich ein Kind der Sterne.

WIESO LEBEN PINGUINE AM SÜDPOL UND NICHT AM NORDPOL?

Vanessa Berlowitz
Tierfilmerin fürs Fernsehen

Auch wenn Pinguine nicht direkt am Südpol leben, so halten sie sich doch mit Vorliebe in den eiskalten Meeren auf, die die Antarktis im südlichen Teil unseres Planeten umgeben.

Es geht ihnen dort blendend, weil sie so gut gegen kaltes Wetter gerüstet sind, wie man es sich nur vorstellen kann! Ganz außen tragen sie Federn, die sich wie die Ziegel eines Daches verschließen und eine versiegelte, wasserdichte Hülle bilden, unter der sich Schichten aus flauschigen Daunen befinden. Ordentlich fett zu sein, hilft ebenfalls dabei, sich warmzuhalten. Es wäre für Pinguine wirklich schwer, zur Arktis umzuziehen, also zum Norden des Planeten, denn dafür müssten sie die warmen Meere um den Äquator herum durchschwimmen. Stell dir nur vor, wie unbequem das für sie wäre. Es wäre ein bisschen so, als müsstest du an einem heißen, sonnigen Tag mit einer vollständigen Skimontur herumlaufen.

Als wir den Film *Eisige Welten* gedreht haben, stellte ich überrascht fest, dass Pinguine wirklich kämpfen müssen, um im Sommer kühl zu bleiben, selbst in der Antarktis, wo es nie sehr viel wärmer wird als an einem milden Wintertag in Eng-

land. Das ganze Team hat gelacht, als wir in den ersten Film-
minuten Königspinguine sahen, die sich in den kalten, nassen
Sand fallen ließen, um ihre Bäuche zu kühlen und die Hitze
aus ihren nackten, pinkfarbenen Füßen zu vertreiben. Noch
witziger waren die Jungen, die manchmal Schlammbäder nahmen, um sich abzukühlen, und hinterher aussahen, als hätte
man sie in geschmolzene Schokolade getaucht!

Könnten die Pinguine in den Norden reisen, ohne sich unterwegs zu überhitzen, würden sie auf eine Gruppe von
schwarzweißen Vögeln stoßen, die Alke genannt werden und
ein bisschen wie Pinguine aussehen. Abgesehen davon, dass
die Alke fliegen können und die Pinguine nicht. Und das ist
ein weiterer Grund, warum sich die Pinguine nicht nach Norden begeben – sie wären gar nicht in der Lage, vor den Eisbä-

ren und den Polarfüchsen wegzulaufen, die im Sommer in den Kolonien brütender Vögel umherstreifen.

In der Antarktis brauchen sich die Pinguine keine Sorgen zu machen, dass sie gejagt werden, wenn sie brüten. An Land leben keine Raubtiere, da deren Vorfahren es nicht geschafft hätten, die rauen, kalten Meere zu überwinden, um dorthin zu gelangen. Einige Tiere aus der Gruppe der Vögel, von denen die Pinguine ursprünglich abstammen, haben ihre Fähigkeit zu fliegen eingebüßt – weil sie nicht vor Räubern flüchten mussten. Die Flügel von Pinguinen sind stummelartig und kurz. Sie benutzen sie wie Flossen, um sich unter Wasser weiterzubewegen.

Ich hatte großes Glück, dass ich Pinguine von einem Helikopter aus beim Schwimmen beobachten konnte, während ich in der Antarktis gefilmt habe. In diesem Augenblick habe ich verstanden, dass Pinguine in gewisser Hinsicht fliegen können, zumindest im Meer. Dies sehen zu können, war eines meiner wundervollsten Erlebnisse. Es war so ähnlich, als würde man ein Ballett unter Wasser betrachten.

Alle stellen sich Pinguine an Land vor, wie sie auf ihre dümmliche Art dahinwatscheln. Aber erst, wenn man sieht, wie anmutig sie in diesen kalten, südlichen Meeren schwimmen, begreift man, dass dies ihr natürliches Zuhause ist.

WIE FLIEGT EIN FLUGZEUG?

David Rooney
Verkehrskurator am Science Museum in London

Wenn du zum ersten Mal mit einem Flugzeug fliegst, kommt es dir sicher so vor, dass es unmöglich ist, dass so ein großes, schweres Ding voller Leute und Gepäck fliegen kann. Schwere Dinge sind gern auf dem Boden. Und wirklich schwere Dinge wie Flugzeuge sind *wirklich* gern auf dem Boden.

Aber es besteht kein Grund zur Sorge. Wirf nur mal einen Blick auf die herumfliegenden Vögel. Sie sind ziemlich schwer, und doch gelingt es ihnen, in der Luft zu bleiben. Sie schaffen das, indem sie einen ziemlich raffinierten Trick der Natur ausnutzen.

Du hast sicher gesehen, dass an den Seiten von Flugzeugen lange Stücke herausragen, die man Flügel nennt. Wenn du schon einmal in einem Flugzeug gesessen hast, wirst du auch wissen, dass der Pilot, bevor er abhebt, den ganzen Weg bis zum Ende einer langen Straße fährt, die Startbahn genannt wird, dann umdreht und auf dieser Startbahn wirklich richtig schnell fährt (das ist für mich der aufregendste Teil der Reise).

Nun, das ist genau der Moment, wo der Flugtrick der Natur einsetzt. Während sich das Flugzeug nach vorn bewegt, streicht die Luft, durch die es sich bewegt, über die Flügel.

Wenn du ganz schnell rennst, kannst du eine Brise im Gesicht spüren – das ist der gleiche Grundgedanke.

Übrigens sind die Flügel des Flugzeugs mehr oder weniger flach und leicht gebogen. Diese spezielle Form hat zur Folge, dass die Luft die Richtung ändert, um oben und unten an den Flügeln vorbeizustreichen. Und wenn Luft auf diese Weise die Richtung ändert, werden die Flügel nach oben gedrückt. Ich kann nicht genau erklären, *wieso*. Es ist einfach so.

Also, solange sich das Flugzeug schnell fortbewegt, drückt die Luft die Flügel hoch, und das Flugzeug fliegt.

Inzwischen fragst du dich aber vielleicht, wie das Flugzeug sich so schnell bewegen kann. Das liegt an den Triebwerken. Die meisten Flugzeuge haben heutzutage entweder zwei oder vier Triebwerke, und die meisten benutzen einen Typus, den man Düsentriebwerk nennt. (Deshalb werden manche Flugzeuge als Düsenflugzeuge bezeichnet.)

Düsentriebwerke verbrennen flüssigen Brennstoff wie z. B. Kerosin. Wenn Kerosin verbrennt, entsteht ein Strahl aus sehr heißem Gas, der am hinteren Ende des Triebwerks austritt. Dieser Strahl aus sehr heißem Gas schiebt das Flugzeug vorwärts oder setzt eine Turbine in Bewegung, die das tut. Du hast wahrscheinlich schon gemerkt, dass Düsenflugzeuge *unglaublich* laut sind. Das liegt daran, dass sie so viel verbrennen müssen.

Es gibt noch viele andere Teile, die Flugzeuge brauchen, um fliegen zu können. Wie lenken sie? Und wie bremsen sie? Es gibt Klappen an den Flügeln und am hinteren Ende des Flugzeugs. Der Pilot sorgt dafür, dass diese Klappen sich nach oben oder nach unten bewegen, und zusammen können sie das Flugzeug beschleunigen, bremsen, steigen oder sinken lassen und nach links oder rechts lenken.

Das sind die grundlegenden Dinge. Auf diese Weise bewegen Flugzeuge sich vorwärts und heben ab und fliegen Kurven und landen. Das ist tatsächlich ziemlich beachtlich.

WELCHES IST DAS STÄRKSTE TIER?

Steve Leonard
Tierarzt und Moderator von Natursendungen im Fernsehen

Nun, das ist eine knifflige Frage. Wir können uns natürlich auf die Suche nach dem Tier machen, das die größte Last heben kann; das wäre dann wahrscheinlich der Elefant. Von asiatischen Elefanten wird berichtet, dass sie 300 Kilogramm mit ihren Rüsseln heben können, was schon mal ganz ordentlich ist. Wenn man allerdings ein Lederseil um die Stämme bindet und einen Elefanten dazu bringt, in das Seil zu beißen, kann er sogar 500 Kilogramm heben, was ungefähr die Hälfte dessen ist, was ein kleines Auto wiegt. Das mag sich nach viel anhören, aber verglichen mit dem, was der Elefant selbst wiegt, ist es nur ein kleiner Teil. Es ist so ähnlich, als würde ich neun Packungen Zucker hochheben, was ich leicht mit einer Hand tun kann.

Also sollten wir vielleicht das Verhältnis von Muskelkraft und Körpergewicht berücksichtigen. Die stärksten Menschen auf der Welt können etwa das Doppelte ihres Körpergewichts heben. Das ist ziemlich beeindruckend, aber nichts verglichen mit dem, was manche Tiere können. Männliche Gorillas sind sehr stark und können das Zehnfache ihres Gewichts heben, womit sie fünf Mal stärker als Menschen sind! Aber in Bezug auf ihre Größe sind die wirklich stärksten Tiere der Erde die Insekten. Die Blattschneiderameisen können Blätter heben, die 50-mal so schwer sind wie sie selbst. Das ist so ähnlich, als würde ich einen weiblichen asiatischen Elefant in die Luft halten!

Aber es kommt sogar noch besser. Ein Mistkäfer kann etwas heben, das 1141-mal so viel wiegt wie er selbst, und das ist so ähnlich, als würde ich sechs Doppeldeckerbusse heben! Manche mikroskopisch kleinen Tiere sind vielleicht sogar noch stärker, aber es ist sehr schwierig, sie dazu zu bringen, irgendwelche Sachen zu heben.

WER HAT ALL DEN STÄDTEN
IHRE NAMEN GEGEBEN?

Mark Forsyth
Blogger und Autor

Städte erhalten ihre Namen gewöhnlich von Leuten, die dort leben und einfach beschreiben, was es da gibt. Manchmal kann man das sehen, manchmal aber auch nicht.

Newcastle und Oxford sind ziemlich einfach. Es gab dort eine neue Burg, also wurde der Ort Newcastle genannt (was so viel wie Neuburg bedeutet). Und es gab eine Furt in einem Fluss, der es Ochsen ermöglichte, ihn zu überqueren, also nannte man die Stelle Oxford (was nichts anderes meint als Ochsfurt oder Ochsenfurt).

Aber manchmal kann man die Herkunft des Namens nicht mehr erkennen. Und das liegt daran, dass Sprachen sich verändern. Denk nur an all die Worte vom Spielplatz, die deine Großeltern nicht verstehen. Und an die vielen witzigen Ausdrücke, die sie benutzen und die für dich ein bisschen altmodisch klingen. Nun, das ist nichts Neues. Bei deinen Großeltern war es das Gleiche, als sie klein waren, und auch bei ihren Großeltern und bei den Großeltern der Großeltern deiner Großeltern und bei deren Großeltern und so weiter und so fort.

Also deine Ur-Ur-Ur-Ur-Ur-Urgroßmutter hätte vielleicht etwas Schlammiges als »liver« bezeichnet. Und wenn sie dann gehört hätte, dass jemand aus der Stadt Liverpool kommt, hätte sie gewusst, dass dies bedeutet, dass die Stadt bei dem schlammigen Fluss liegt.

Und dein Ur-Ur-Ur-Ur-Ur-Ur-Ur-Ur-Ur-Ur-Ur-Urgroßvater hätte vielleicht über den Namen Birmingham gesagt: »Oh, richtig, das ist da, wo der Hof von den Birms liegt.«

Man müsste 100 »Urs« zurückgehen, um zu jemandem zu kommen, der wusste, was London bedeutet, aber wahrscheinlich war es einfach nur ein Ort bei einem Fluss, der so tief war, dass man nicht hindurchwaten konnte.

Hin und wieder kommt es vor, dass Städte ihre Namen auf andere Weise erhalten. Alexander der Große hat sich einfach selbst eine Stadt erbaut und sie Alexandria genannt. Und Khartoum, der Name der Hauptstadt des Sudan, bedeutet: »Das Ende eines Elefantenrüssels«. Allerdings habe ich keine Ahnung, warum.

WIESO IST WASSER NASS?

Roger Highfield
Direktor für außerbetriebliche Angelegenheiten beim
National Museum of Science and Industry

Eine Antwort lautet, dass deine Fingerspitzen deinem Gehirn mitteilen, dass du die Empfindung »nass« hast, wenn du in eine Wasserlache fasst.

Nervenimpulse senden ununterbrochen Botschaften, die etwas über die Umwelt aussagen, von deiner Haut zu deinem Gehirn. Wir bezeichnen dies als Tastsinn. Dein Tastsinn sagt dir, wenn etwas trocken ist, heiß oder kalt, rau oder glatt. Wasser fühlt sich nass an, denn Wasser ist eine Flüssigkeit.

Aber Wasser ist nur zwischen null und 100 Grad Celsius eine Flüssigkeit. Bei null Grad oder darunter ist es festes Eis. Wenn du Eiswürfel aus dem Gefrierschrank nimmst und in ein Getränk mit Zimmertemperatur legst, erwärmt sich das Eis und beginnt zu schmelzen. Und wenn Wasser in einem Kessel auf mehr als 100 Grad erhitzt wird, wird es zu einem Gas, das Wasserdampf genannt wird und für unsere Augen unsichtbar ist. (Wenn du Dampf aus dem Kessel aufsteigen siehst, sind das in Wirklichkeit winzige Tropfen aus flüssigem Wasser, die sich bilden, wenn heißer Wasserdampf auf die kühlere Luft um den Kessel herum trifft.)

191

Wenn du ein Supermikroskop hättest, könntest du sehen, dass Wasser aus kleinen Partikeln besteht, die Moleküle genannt werden. Jedes Molekül setzt sich wiederum aus kleineren Partikeln zusammen, die Atome heißen. Du kannst sie dir wie Legosteine vorstellen, die die Moleküle bilden, aus denen das ganze Zeug (die Chemikalien) um dich herum aufgebaut wird – und auch das ganze Zeug in deinem Körper.

Jedes Wassermolekül besteht aus zwei Wasserstoffatomen, die an einem Sauerstoffatom kleben. Moleküle haften auch aneinander, aber es hat sich gezeigt, dass Wassermoleküle auf ungewöhnliche Weise mit Wasserstoff »aneinanderkleben«. Die Einzelheiten über diesen speziellen Klebstoff kannst du später erfahren, wenn du älter bist. Im Moment musst du nur wissen, dass diese »Wasserstoffbrückenbindung« die Wassermoleküle fester zusammenhält, als es bei anderen Molekülen von ähnlicher Größe der Fall ist, die diese Brückenbindung nicht haben. Das macht das Wasser in vielerlei Hinsicht seltsam.

Hier sind ein paar Beispiele, warum Wasser seltsam ist:

Auf der Oberfläche von flüssigem Wasser befindet sich eine dünne »Haut«. Du kannst sie nicht sehen, aber sie ist stark genug, dass Insekten darauf herumspazieren können. Diese Haut führt auch dazu, dass flüssiges Wasser an unseren Händen und Kleidern hängen bleibt und sich nass anfühlt. Einige andere Flüssigkeiten wie das Metall Quecksilber fühlen sich bei Raumtemperatur nicht nass an, weil sie diese leichte Klebrigkeit nicht haben. Wenn du dir flüssiges Quecksilber auf die Hand schütten würdest, würde es wie Murmeln wegrollen. (Tu das aber nicht, denn Quecksilber ist übles Zeug.)

Wasser kocht und schmilzt bei einer sehr viel höheren Temperatur als Substanzen mit ähnlich großen Molekülen.

Die meisten Substanzen schrumpfen, wenn du sie abkühlst, aber Wasser dehnt sich aus, wenn es gefriert. Das liegt daran, dass die spezielle Wasserstoffbrückenbindung die Moleküle weiter voneinander entfernt hält. Daher nimmt Eis mehr Raum ein als flüssiges Wasser. Und das ist auch der Grund, weshalb Eiswürfel schwimmen.

Schlaue Experimente von Rich Saykally in Berkeley, Kalifornien, und Berechnungen von David Clary an der Universität von Oxford haben gezeigt, dass mindestens sechs Wassermoleküle nötig sind, wenn du nass werden willst. Wenn es weniger sind, bilden die Moleküle einfach nur ein dickes Molekül. Füge der Gruppe ein sechstes hinzu, und der Haufen von Molekülen verwandelt sich in eine mikroskopisch kleine Lache, die sich für uns nass anfühlt.

WIE WÜRDE ICH AUSSEHEN, WENN ICH KEIN SKELETT HÄTTE?

Professor Joy S. Gaylinn Reidenberg
Vergleichende Anatomin

Wenn du kein Skelett hättest, wärst du vielleicht in der Lage, deine Arme wie Gummibänder zu strecken oder dich so flach zu machen, dass du unter einer Tür hindurchschlüpfen könntest. Oder du könntest dich wie ein Gestaltwandler aus *Harry Potter* neu formen!

Allerdings hätte es auch gravierende Nachteile. Es wäre schwierig, die jeweilige Gestalt gegen die Schwerkraft beizubehalten. Du hättest wohl meist die gleiche Form wie die Kiste oder Schüssel, in der du dich befindest – so wie Wasser in einem Becher oder Gelatine in einem Förmchen. Ohne Behältnis würdest du wahrscheinlich wie ein großer, wabbeliger Wackelpuddingklecks aussehen, der auf den Boden gefallen ist.

Dein Skelett verleiht dir Form – wie ein innerer Rahmen, der dir hilft, deine Gestalt beizubehalten. Dieser Rahmen stellt eine Oberfläche zur Verfügung, an der die Muskeln sich festmachen können, oder auch die Gelenke, die wie Flaschenzüge und Hebel wirken. Ohne irgendwelche harten Teile, gegen die du deine Muskeln ziehen könntest, und ohne die mechanischen Vorteile von Gelenken wärst du sehr schwach und mü-

de, denn du müsstest viel mehr Energie aufbringen, um deine Arme und Beine zu bewegen.

Wenn du dich entschließen würdest, im Wasser zu leben, wärst du fast schwerelos, und deshalb wärst du beim Versuch, dich zu bewegen, nicht so schnell erschöpft. Du würdest wahrscheinlich einer Qualle ähneln oder einem Tintenfisch oder einer Krake. Ich habe einmal einen riesigen Tintenfisch seziert und konnte sehen, wie ungewöhnlich sein Körper war. Diese Tiere haben keine Knochen, aber sie haben eine bemerkenswerte Geschmeidigkeit, weil sie ihren Körper fast überall beugen können – nicht nur an den Gelenken wie wir. Stell dir nur vor, du wärst in der Lage, deine Arme in einer Spirale zu bewegen!

Das erinnert mich an meine Sezierung eines Elefantenrüssels, der sich in alle Richtungen beugen konnte, allein durch Muskelkraft, ohne irgendwelche Knochen! Der Arm eines Tintenfischs arbeitet auf ähnliche Weise. Er beugt sich, wenn sich die Muskeln nur auf einer Seite zusammenziehen, und er wird kürzer, wenn sich alle Muskeln zur gleichen Zeit zusammenziehen. Länger wird er, wenn ein äußerer Ring aus Muskeln das Zentrum wie eine Faust umklammert. Bei dieser Aktion wird die Flüssigkeit im Innern in Richtung Spitze gedrückt – so als würde deine Hand eine Tube Zahnpasta zerdrücken –, was den Arm nach vorn schießen lässt.

Ich hatte einmal beim Gerätetauchen eine aufregende Begegnung mit einer lebenden Pazifischen Riesenkrake. Es war wunderbar anzusehen, wie sie ihre Gestalt änderte: Sie ließ die Haut zusammenschrumpeln, sodass sie wie Steine oder Tang aussah, oder sie machte die Arme ganz flach, sodass sie wie die Flügel eines Flugzeugs wirkten, oder sie wickelte die Arme unter dem Körper auf und wickelte sie wieder ab, sodass sie zu rollen schienen wie Räder.

Am erstaunlichsten war der Augenblick, als sie die Arme ausstreckte, um mich zu berühren (das war kurz bevor sie über mein Gesicht kroch und mit ihren Saugnäpfen meine Tauchmaske komplett verdeckte!). Wie sie so die Arme ein- und ausgerollt hat, musste ich an Partytröten denken.

VERSCHMUTZEN KÜHE DIE LUFT?

Tim Smit
Leiter des Eden-Projekts

Ja, aber ... Kühe tun auch etwas Gutes.

Aber der Reihe nach. Wieso verschmutzen Kühe die Luft? Das hat etwas damit zu tun, was sie essen und wie sie es essen. Im Gegensatz zu dir oder mir haben Kühe einen Magen mit vier Kammern. Dadurch können sie Gras fressen, das zäh und schwer zu kauen ist und sehr lange braucht, bis es verdaut ist. Sie lagern das gegessene Gras in der ersten Kammer ihres Magens, sodass sie es wieder hochbringen und später kauen können, was dabei hilft, es zu zerlegen. Deshalb sehen sie immer aus, als würden sie Kaugummi kauen.

Die zweite Kammer ihres Magens ist voller nützlicher Bakterien, die das Gras noch ein bisschen mehr zerlegen. Bei diesem Prozess entsteht ein stinkendes Gas, das Methan genannt wird und das die Kühe ausatmen. Auch Menschen produzieren manchmal Methan, vor allem dann, wenn sie zu viele weiße Bohnen gegessen haben, aber bei uns kommt es am anderen Ende wieder raus. Furz, Entschuldigung!

Oh, nur für den Fall, dass du dich vielleicht fragst, was mit den beiden letzten Magenkammern ist, mit der dritten und vierten ... nun, sie verhalten sich ein bisschen so wie unser

197

(einziger) Magen. Aber das hat nicht viel mit unserer Geschichte über die Luftverschmutzung zu tun, daher also nichts weiter dazu.

Zurück zu dem stinkenden, luftverschmutzenden Gas. Methan ist ein Treibhausgas, das sich wie Kohlendioxid als Gasschicht um die Erde legt und wie eine Decke keine Hitze mehr nach draußen dringen lässt. Dadurch trägt es zum Klimawandel bei. Methan hält die Wärme sogar noch stärker drinnen als Kohlendioxid, und es kommt auch nicht nur aus den Mäulern von Kühen oder dem Hintern von anderen Tieren, sondern auch aus anderen Quellen wie fossilen Brennstoffen (Kohle und Öl), Sumpfgas aus Feuchtgebieten und Gas von Reisfeldern. Vieh (Kühe, Schafe und Ziegen) produziert in etwa genauso viel Methan wie die Industrie der fossilen Brennstoffe, weniger als die Sumpfgase und mehr, als durch den Anbau von Reis produziert wird.

Weniger Fleischkonsum bedeutet weniger Kühe und weniger Methan, daher lassen sich auf diesem Weg die Treibhausgase reduzieren. Allerdings kommt von Kühen auch etwas Gutes. Es gibt Land, das nicht dafür geeignet ist, darauf Nutzpflanzen für Menschen anzubauen – so wie Weizen für Brot oder Bohnen für Proteine –, aber dort kann Gras für Tiere wachsen. Außerdem hängt das Leben etwa einer Milliarde Menschen weltweit von Vieh ab, wozu auch 70 Prozent der 880 Millionen Armen in ländlichen Gebieten zählen, die von weniger als einem Dollar pro Tag leben. Erwachsene können herausfinden, woher das Fleisch kommt, das sie essen, und ob es auf verantwortungsbewusste Weise erzeugt wurde.

Es gibt viele andere Dinge, die du tun kannst, um den Ausstoß von Treibhausgasen zu verringern, wie zum Beispiel Energie sparen, indem du die Lichter, den Computer und den Fernseher ausmachst, wenn du sie nicht brauchst, oder indem du Erwachsenen hilfst, das Auto weniger oft zu benutzen, Gegenstände wiederverwertest und Ideen mit Freunden und Familie austauschst – und deine Vorstellungskraft einsetzt, um neue Ideen zu entwickeln.

Da wir gerade von neuen Ideen sprechen: In Australien haben Wissenschaftler herausgefunden, dass die Darmbakterien von Kängurus weniger Methan produzieren als die von Kühen. Also suchen sie nach einer Möglichkeit, wie sie diese Kängurubakterien in Kühe verpflanzen können. Zu dem Zeitpunkt, da ich dies schreibe, haben sie es noch nicht ganz geschafft. Aber wenn es ihnen gelingt, könnte es sein, dass Bauern anfangen, ihren Kühen Kängurubakterien-Milchshakes zu geben, um sie umweltfreundlicher zu machen.

WIE KOMMEN AUTOREN
AUF IHRE IDEEN?

Philip Pullman
Autor

Wenn du diese Frage zehn verschiedenen Autoren stelltest, würdest du – wie ich annehme – wahrscheinlich zehn verschiedene Antworten bekommen. Früher haben die Dichter an die Musen geglaubt – Wesen, die so ähnlich wie Göttinnen waren und die Aufgabe hatten, sie zu inspirieren. Es gab insgesamt neun verschiedene Musen, eine für die epische Dichtkunst, eine für die Tragödie, eine für den Tanz und so weiter. Die Dichter und Musiker haben zur Muse gebetet oder ihr in der Hoffnung, dafür gute Ideen zu erhalten, ein Opfer dargebracht.

Ich glaube nicht, dass heutzutage noch irgendjemand an die Musen glaubt, aber ich verstehe, warum die Dichter es früher getan haben. Ideen kommen auf rätselhafte Weise. Du kannst nicht sicher sein, dass du eine gute Idee haben wirst, nur weil du dich als Schriftsteller bezeichnest. Ideen scheinen von irgendwo da draußen in der Dunkelheit zu kommen, einfach so ohne besonderen Grund.

Es hilft allerdings, wenn wir uns vorbereiten. Wenn ich gefragt werde, woher ich meine Ideen habe, sage ich manchmal:

»Ich weiß nicht, woher sie kommen, aber ich weiß, wohin sie *gehen*: nämlich zu meinem Schreibtisch, und wenn ich nicht da bin, gehen sie wieder weg.« Mit anderen Worten, ganz egal, ob du wirklich an deinem Schreibtisch sitzt oder woanders bist, du musst darauf vorbereitet sein, eine gute Idee zu erkennen und irgendetwas mit ihr anzufangen.

Als ich in der Schule war, habe ich festgestellt, dass Kricket-Spielen sich gut eignete, Ideen kommen zu lassen. Das lag daran, dass ich weder gut schlagen noch werfen konnte, und ich konnte auch nicht fangen, also wurde ich für gewöhnlich in den hintersten Winkel des Spielfelds geschickt, wo ich dann halb verträumt, halb aufmerksam herumhing. Dieser Geisteszustand ist ideal, um Ideen zu finden. Ich glaube, ich habe in diesem Zustand den größten Teil meines Lebens verbracht.

Einige Autoren tragen Notizhefte mit sich herum, um jede Idee aufzuschreiben, die sie haben. Das mag bei dir vielleicht auch funktionieren. Ich habe es immer wieder probiert, aber ich fand es nie besonders hilfreich, denn eine *gute* Idee für eine Geschichte klebt an meinem Geist wie eine dieser Kletten, die gern an der Kleidung hängen bleiben, wenn man im Wald herumläuft. Ich könnte sie nicht einmal dann loswerden, wenn ich es wollte.

Und sie können von überall kommen. Viele Ideen entstehen beim Lesen, und es ist auch gar nichts Schlimmes, sich von anderen Autoren inspirieren zu lassen; die meisten von uns beginnen zu schreiben, weil sie von etwas, das sie gelesen haben, so begeistert sind, dass sie es nachmachen möchten. Eine Menge Ideen kommen einfach nur dadurch, dass man anderen Menschen zusieht und zuhört.

Aber *eine gute Idee zu haben*, ist nur der Anfang. Danach musst du daraus auch noch eine gute Geschichte machen. Manche Menschen denken, dass Inspiration alles ist, was sie brauchen, um ein Autor oder eine Autorin zu sein. Ganz und gar nicht! Viele Leute haben gute Ideen, aber nur sehr wenige von ihnen gehen von da aus weiter und schreiben eine Geschichte. Das ist der Moment, in dem die harte Arbeit beginnt.

Aber mach dir deshalb keine Sorgen: Wenn du hart arbeitest, und zwar regelmäßig, und auch dann weitermachst, wenn du dich gar nicht so gut dabei fühlst, wird die Muse sehen, dass du dich anstrengst, und dich mit Ideen belohnen. Und eines der besten Gefühle, die du jemals haben wirst, besteht darin, eine wirklich gute Idee zu haben, die ein Problem löst, mit dem du dich schon seit Wochen herumschlägst. Deshalb glaube ich immer noch – in gewisser Weise – an die Musen. Auf jeden Fall behandle ich sie vorsichtshalber mit großem Respekt.

WER HAT DIE SCHOKOLADE ERFUNDEN?

Joanne Harris
Autorin

Die Schokolade, wie wir sie kennen, also als Riegel, hat Mr. Fry im Jahre 1847 in London erfunden. Schokolade an sich ist schon seit Tausenden von Jahren bekannt. Die Mayas und Inkas in Zentral- und Südamerika tranken bei ihren religiösen Zeremonien eine Art Schokoladengetränk – ein Brauch, der mit den frühen Entdeckern nach Europa gelangt ist.

Christoph Kolumbus soll 1503 die ersten Kakaobohnen mit nach Europa genommen haben, aber niemand wusste etwas mit ihnen anzufangen. Ein paar Jahre später entdeckte der spanische Eroberer Hernán Cortés die »Neue Welt«, und als er 1528 aus Mexiko nach Spanien zurückkehrte, belud er seine Galeonen mit Kakaobohnen und der notwendigen Ausrüstung zur Herstellung eines Schokoladentrunks.

Es dauerte allerdings noch mehr als 100 Jahre, bevor sich der Brauch, Schokolade zu trinken, in Europa verbreitete und nach England kam. Von diesem Moment an wurde das Trinken von Schokolade bei den Reichen Mode, und daran änderte sich auch nichts, als der Papst sich dagegen aussprach, weil es die Menschen gierig machen würde!

WIESO WACHSEN MÄNNERN BÄRTE UND FRAUEN NICHT?

Dr. Christian Jessen
Doktor der Medizin und Fernsehmoderator

Du könntest auch fragen: »Wieso sehen Männer anders aus als Frauen?«

Letztlich läuft alles auf zwei schlaue Hormone oder chemische Stoffe hinaus, die erst dann richtig in deinem Körper zu arbeiten beginnen, wenn du im Alter von etwa 13 Jahren in die »Pubertät« kommst. Diese Hormone nennt man Östrogen und Testosteron, und sie sorgen dafür, dass du nach der Pubertät erwachsener und entweder wie ein Mann oder wie eine Frau aussiehst.

In Mädchen ist das Hormon Östrogen besonders aktiv. Es lässt die Brüste wachsen und führt dazu, dass sich andere weibliche Teile entwickeln. Es sorgt auch dafür, dass Mädchen lange Haare auf dem Kopf bekommen, ihnen aber keine Haare im Gesicht wachsen.

Bei Jungen ist das Hormon Testosteron aktiver. Es macht ihre Stimmen tiefer und sorgt dafür, dass sie größer werden und mehr Muskeln bekommen. Es führt auch dazu, dass Haare in ihren Gesichtern und an anderen Stellen ihres Körpers wachsen, aber es lässt die Haare auf den Köpfen langsamer

wachsen. Deshalb kann es sein, dass du Männer mit langen Bärten, aber einem kahlen Schädel siehst!

Die Antwort auf deine Frage, warum Männern Bärte wachsen und Frauen nicht, lautet also, dass Männer mehr Testosteron in ihrem Körper haben als Frauen.

Es kommt vor, dass Frauen medizinische Probleme haben, weil ihr Körper zu viel Testosteron produziert – also das männliche Hormon. Was, glaubst du wohl, passiert, wenn sie nicht zu einem Arzt oder einer Ärztin gehen, um das Gleichgewicht wieder herstellen zu lassen? Es kann sein, dass ihnen auch ein Bart wächst.

IST ZUCKER SCHLECHT FÜR UNS?

Annabel Karmel
Autorin von Ratgebern zur Kinderernährung

Wir sind alle von Geburt an darauf programmiert, Süßes zu mögen. Wissenschaftler glauben, das könnte daran liegen, dass giftige Nahrungsmittel wie bestimmte Beeren von Natur aus bitter schmecken, während ein süßer Geschmack mit Nahrungsmitteln verbunden wird, die ungefährlich sind.

Nicht jeder Zucker ist schlecht. Es gibt natürlichen Zucker, den du in Nahrungsmitteln wie Obst findest. Diese Zuckerarten sind nicht bearbeitet und nicht schlecht für dich, solange du nicht zu viel davon isst.

Allerdings wird Zucker allen Arten von industriell hergestellten Nahrungsmitteln beigemischt, ganz besonders herzhaften Speisen, bei denen man gar nicht damit rechnen würde, angefangen von Suppen und Soßen bis zu Pizza, Chips und Fertiggerichten. Deshalb kann es sein, dass du jeden Tag mit dem Essen sehr viel mehr Zucker zu dir nimmst, als du denkst.

Häufig werden Frühstücksflocken ebenfalls mit Zucker vollgestopft – manchmal sind da bis zu 35 Prozent drin. Das ist keine gute Art, den Tag zu beginnen, da du auf diese Weise nicht genug nachhaltige Energie erhältst, die dich durch den Morgen bringt. Zurzeit wird darüber diskutiert, ob man diese

Frühstücksflocken in den Läden nicht zu den Keksen stellen sollte! Meine Daumenregel lautet: Wenn du dir die Zutaten eines Produkts anschaust und eine von den drei erstgenannten Zucker ist, stell es ins Regal zurück.

Zucker richtet großen Schaden an, wenn du ihn häufig isst, daher ist es besser, gezuckerte Speisen als Teil deiner Hauptmahlzeiten zu essen und nicht in Form von Zwischenmahlzeiten.

Es gibt eine Menge Gründe, warum man dir sagt, dass du nicht zu viel Zucker essen sollst. Erstens ist er nicht gut für die Zähne. Hast du jemals das Experiment gemacht, einen Zahn, der dir ausgefallen ist, in ein Glas Limonade zu legen? (Das Gleiche geht auch mit einer Münze, wenn du gerade keinen Zahn zur Hand hast.) Sieh dir an, was mit dem Zahn oder der Münze schon nach ein paar Stunden passiert!

Zucker ist auch für andere Teile deines Körpers schlecht, wenn du täglich zu viel davon isst. Zuckerkonsum kann dein Verhalten verändern. Wenn du Zucker isst, geht er in dein Blut über und gibt dir einen Energiestoß, und dein Körper produziert etwas, das Insulin genannt wird, um mit diesem Zucker umzugehen. Diese Energiespitze hält aber nicht sehr lange an, und du kannst dich sehr müde und wackelig fühlen, wenn der Zuckerstoß wieder abflaut. Wenn du viel Zucker isst, geht dein Zuckerspiegel ständig nach oben und nach unten und nach oben und nach unten. Dein Körper braucht den ganzen Zucker nicht, also lagert er den überflüssigen ein, was zu Übergewicht führt – und das ist auch nicht gesund.

WIE WURDEN DIE ÄGYPTISCHEN PYRAMIDEN ERBAUT?

Dr. Joyce Tyldesley
Ägyptologin

Die alten Ägypter besaßen weder Strom noch komplizierte Maschinen. Sie hatten auch kein Heer von Sklavenarbeitern. Stattdessen verließen sie sich auf die Kraft freier Menschen. Ihre Pyramiden wurden von Tausenden von Arbeitern errichtet, die aus Städten und Dörfern in ganz Ägypten dorthin reisten, wo gerade gebaut wurde. Sie wohnten an diesen Orten und schufteten ein paar Monate lang richtig hart, bevor sie zum Ausruhen nach Hause zurückkehrten, während gleichzeitig andere Arbeiter eintrafen, die ihren Platz einnahmen. Eine kleine Gruppe von Baumeistern, Steinmetzen und Architekten leitete all die vielen Menschen an. Da es im alten Ägypten kein Geld gab, erhielten sie als Lohn etwas zu essen und zu trinken.

Obwohl die Pyramiden von außen mehr oder weniger gleich aussehen, wurden nicht alle auf die gleiche Weise erbaut. Bei manchen befindet sich der Raum für den toten König (der als Grabkammer bezeichnet wird) unterhalb der Erdoberfläche, in anderen oberhalb davon.

Der erste Arbeitsgang beim Bau einer Pyramide bestand darin, den Boden zu glätten und die vier Seiten auszurichten.

Mithilfe sehr einfacher Werkzeuge – Kupfermeißel und Hammer – wurden in nahegelegenen Steinbrüchen riesige Steinblöcke geschlagen und auf Holzschlitten zum Bauplatz transportiert. Rampen ermöglichten es den Arbeitern, die Steine zu den höheren Ebenen der Pyramiden hinaufzuziehen.

Nachdem die eigentliche dreischenklige Form fertig gebaut war, wurde sie mit einer Schicht aus sehr teurem weißen Stein bedeckt, der so poliert war, dass er im Sonnenlicht glitzerte. Der oberste Stein der Pyramide – auch als »Pyramidion« bezeichnet – wurde manchmal sogar in Gold getaucht, damit er noch mehr glänzte!

WIESO IST DER HIMMEL NACHTS DUNKEL?

Christopher Potter
Wissenschaftsautor

Wenn wir sehr jung sind, stellen wir ständig Fragen. Wenn wir älter werden, ist uns das peinlich, und wir hören häufig damit auf. Vielleicht wollen wir nicht zugeben, dass wir etwas nicht wissen. Das ist traurig, denn es ist wirklich wichtig, Fragen zu stellen. Bedeutende Wissenschaftler wie Einstein waren zum Teil deshalb so bedeutend, weil sie Fragen über Dinge gestellt haben, von denen alle anderen dachten, dass sie offensichtlich sind.

»Wieso ist der Himmel nachts dunkel?«, klingt wie eine ziemlich unkomplizierte Frage. Und es gibt auch eine erste offensichtliche Antwort: weil die Sonne am Abend untergeht. Aber das reicht nicht ganz, denn es legt nahe, dass die Sonne sich bewegt. In Wirklichkeit aber sieht es nur so aus, als würde die Sonne über den Horizont hinauswandern. Die echte Bewegung kommt von der Erde, die sich um ihre eigene Achse dreht. Dadurch sieht es so aus, als würde die Sonne über den Himmel wandern. Also führt uns auch diese unkomplizierte Antwort dazu, darüber nachzudenken, wie sich die Erde in Bezug auf die Sonne bewegt. Und wir könnten leicht auf die

Idee kommen, andere Fragen zu stellen: »Woher wissen wir, dass die Erde sich bewegt?«

Manchmal hilft es, über eine Frage nachzudenken, indem wir eine andere Frage stellen: Ist der Himmel nachts denn wirklich dunkel?

Wenn du irgendwo auf dem Land wohnst, weit weg von irgendwelchen Straßenlaternen, hast du wahrscheinlich bemerkt, dass der Himmel selbst dann, wenn es keinen Mond gibt, ziemlich hell sein kann, was am Licht der fernen Sterne liegt. Jahrhundertelang haben sich große Denker gefragt, wieso der Himmel in der Nacht nicht sogar noch heller ist.

Wenn das Universum ewig bestehen bleibt, was viele Philosophen und Wissenschaftler glauben, und es im unendlichen Universum unendlich viele Sterne gibt, müsste das Licht von unendlich vielen Sternen den Nachthimmel so hell machen, wie es überhaupt nur geht. Also ist deine Frage »Wieso ist der Himmel nachts dunkel?« eine wirklich tiefsinnige Frage, die damit zusammenhängt, ob das Universum nun unendlich ist oder nicht. Es ist die Art Frage, die dich nachts wachhalten kann.

Wenn etwas, das bei logischem Nachdenken eigentlich so sein müsste, wie wir uns das denken, sich aber dann, wenn wir es tatsächlich erleben, als das Gegenteil erweist, bezeichnen wir das manchmal als Paradoxon. Wieso der Nachthimmel nicht voller Licht ist, wird als Olbers'sches Paradoxon bezeichnet, nach einem deutschen Astronomen, der vor etwa 200 Jahren gelebt hat. (Tatsächlich war das Paradoxon schon lange vor Olbers' Geburt bekannt, aber so ist das manchmal in der Wissenschaft: Man muss nicht unbedingt der Erste sein, der etwas entdeckt, damit etwas nach einem benannt wird.)

Wissenschaftler mögen Paradoxa, weil sie sie zwingen, intensiv über das nachzudenken, was wirklich vor sich geht. Sie wollen das Paradoxon ausräumen. Ein Weg, das Olbers'sche Paradoxon auszuräumen, besteht darin, sich vorzustellen, dass das Universum – der Weltraum selbst – sich ausdehnt. In einem sich ausdehnenden Universum bewegt sich die Lichtenergie ferner Sterne kontinuierlich von uns weg, und das könnte ausreichen, um die Dunkelheit zu erklären, die wir am Nachthimmel sehen.

Das ist eine ganze Menge Stoff zum Nachdenken, aber der wesentliche Punkt ist, dass deine scheinbar unkomplizierte Frage uns sehr weit geführt hat. Dass der Himmel nachts dunkel ist, könnte als Beweis dafür gesehen werden, dass das Universum unendlich ist und sich ausdehnt. Das ist ziemlich erstaunlich, wenn man bedenkt, dass Wissenschaftler erst seit weniger als 100 Jahren sicher wissen, dass das Universum sich ausdehnt.

Wie schlau von dir, eine Frage zu stellen, die die Wissenschaftler immer noch vor Rätsel stellt.

WAS KANN MAN TUN, WENN MAN NICHT WEISS, WAS MAN ZEICHNEN ODER MALEN SOLL?

Tracey Emin
Künstlerin

Ich habe auch häufig das Gefühl, dass ich kein Kunstwerk schaffen kann. In solchen Momenten widme ich mich anderen Dingen. Ich gehe gewöhnlich auf irgendwelche Partys, spiele Domino, gehe essen oder schwimmen, mache lange Spaziergänge, gehe einkaufen – die ganz normalen Sachen eben.

Nachts wache ich meistens zwischen ein Uhr und drei Uhr auf und bleibe dann zwei bis drei Stunden wach. Eigentlich würde ich dann gern arbeiten, aber das kann ich nicht, denn auch wenn ich wach bin, bin ich nicht wach genug, um mich anzuziehen und in mein Studio zu gehen. Aber jetzt habe ich eine App auf meinem iPad, die es mir ermöglicht zu zeichnen.

213

Die Zeichnungen unterscheiden sich sehr von meinem gewöhnlichen Stil, weil ich sie mit dem Finger mache und immer noch ein bisschen schläfrig bin, sodass sie aus einem anderen Teil meines Hirns kommen. Außerdem handelt es sich um ziemlich grobe Skizzen, daher gehe ich freier damit um.

Lesen und Schwimmen helfen mir am besten. Das Schwimmen macht mich körperlich glücklicher und bringt mein Gehirn dazu zu arbeiten. Beim Lesen füllt sich mein Geist mit Bildern, die andere Leute entworfen haben, und das befreit mich vom Stress.

Ich muss Kunst erzeugen und machen – ich bin eine Künstlerin. Wenn ich nichts erschaffe, fehlt meinem Leben der Sinn; ich verliere die Zuversicht und vergesse irgendwie, wer ich bin.

WIE ENTSTEHT STROM?

Professor Jim Al-Khalili
Wissenschaftler und Fernsehmoderator

Um zu erklären, wie wir Strom herstellen können, müssen wir zuerst einmal wissen, woraus er besteht. Es wirkt wie Magie, wenn man richtig darüber nachdenkt – und selbst viele Erwachsene wissen nicht genau, was Strom eigentlich ist. Vielleicht hast du ja schon mal jemanden gefragt und keine wirklich gute Antwort bekommen. Nun, ich werde hier mein Bestes versuchen.

Strom ist deshalb so geheimnisvoll, weil wir ihn nicht sehen können. Es scheint sich einfach um unsichtbare Energie zu handeln, die dafür sorgt, dass das Licht angeht und Computer und Fernseher laufen und so gut wie alles andere auf unserer Welt funktioniert. Ich vermute, es ist ein bisschen wie beim Benzin, ohne das ein Auto nicht fährt. Aber immerhin kann man Benzin sehen, und man kann es riechen, auch wenn man vielleicht nicht so genau weiß, was der Motor eines Autos damit macht.

Die Sache beim Strom ist, dass er wirklich unsichtbar ist. Nicht weil er magisch ist, sondern vielmehr, weil die Dinge, aus denen er besteht, so winzig sind, dass wir sie nicht erkennen können. Sie heißen Elektronen und sind extrem kleine

Teilchen, die im Innern von Atomen rumschwirren, und Atome sind überall. Alles im Universum, auch du, besteht aus einer Unmenge von Atomen.

Nun, Atome tragen etwas mit sich herum, das als Ladung bezeichnet wird, was sie dazu bringt, sich in gewisser Weise wie winzige Magneten zu verhalten. Elektronen sind deshalb im Innern der Atome gefangen, weil jedes Atom in seiner Mitte einen mächtigen Atomkern hat, der die Elektronen zu sich heranzieht.

Normalerweise ist jedes Atom sehr damit beschäftigt, mit diesem Tauziehen klarzukommen, das zwischen dem Kern im Zentrum und den Elektronen stattfindet, die um den Kern kreisen. Es ist sogar so sehr damit beschäftigt, dass es andere, benachbarte Atome zum größten Teil ignoriert. Witzig wird es, wenn einige Elektronen es schaffen, ihren Atomen zu entkommen. Sie können wie ein Heer von Soldaten durch einige Materialien – wie beispielsweise Metalle – hindurchgehen und erzeugen dadurch etwas, das man elektrischen Strom nennt. Sie tun dies mit einer sehr hohen Geschwindigkeit – beinahe mit Lichtgeschwindigkeit.

Der Grund, warum Elektronen das tun, ist folgender: Einerseits werden sie von manchen Atomen angezogen, denen Elektronen fehlen und die daher die Lücken füllen möchten, aber andererseits werden sie – zur gleichen Zeit – von anderen Atomen weggestoßen, die zu viele Elektronen haben und nicht noch mehr möchten. In dieser Weise zischen Abermilliarden von winzigen Elektronen in einem Draht dahin, und genau das ist das, was wir als elektrischen Strom bezeichnen.

Also, nachdem ich dir gesagt habe, was Strom ist, geht es jetzt darum, wie wir ihn herstellen.

Was wir brauchen, ist eine Möglichkeit, ganz viele Elektronen von Atomen wegzuziehen und woanders zu lagern, wie es zum Beispiel im Innern einer Batterie der Fall ist. Dann können sie jederzeit entlassen werden, wenn man z. B. eine Lampe anmachen will.

Es gibt viele Möglichkeiten, in sehr großem Maßstab Strom zu erzeugen, aber normalerweise geschieht dies mit einer speziellen Maschine, die mit Dampf betrieben und deshalb Dampfturbine genannt wird.

Natürlich ist das alles nicht so einfach. Wir brauchen zum Beispiel zunächst einmal Energie, um das Wasser zu erhitzen, das sich dann in Dampf verwandelt. Diese Energie kann von den Atomen selbst kommen (das nennt man dann Atomenergie) oder von der Sonne oder vom Wind oder einfach nur dadurch, dass man z. B. Kohle verbrennt. Es gibt also viele verschiedene Schritte. Aber am Ende musst du selbst nichts anderes tun, als einen Schalter umzulegen oder zu drücken – und schon machen diese kleinen Elektronen ihre Arbeit.

MOCHTE ALEXANDER DER GROSSE FRÖSCHE?

Bettany Hughes
Historikerin

Bei deiner Frage musste ich mich erst mal am Kopf kratzen, und alle möglichen bizarren Gedanken kamen mir in den Sinn. Nun, der griechische Philosoph Sokrates hat vor langer Zeit in seiner berühmten Rede gesagt: »Das ungeprüfte Leben ist es nicht wert, gelebt zu werden.« (Mit anderen Worten, sorge dafür, dass dein Hirn eingeschaltet ist und stelle immer wieder Fragen über die Welt – akzeptiere die Dinge nicht einfach so, wie sie sind). Deshalb danke ich dir, dass du mich dazu anregst, über diese Frage nachzudenken.

Alexander, der ebenfalls aus Griechenland stammte (nun, genauer gesagt aus einer Gegend namens Makedonien), wurde aus vielen Gründen berühmt: Er hat versucht, die Welt zu erobern, hat in Schlachten gegen Elefanten gekämpft und Homers Geschichten geliebt. Aber nicht viele Menschen würden »Alexander den Großen« und »Frösche« in einem Atemzug nennen. Und doch ... etwa seit dem Jahr 324 v. Chr. wurde Alexander von Aristoteles unterrichtet. Aristoteles war einer der griechischen Philosophen, die sich dafür interessierten, *warum* etwas geschieht. Er muss sich unaufhörlich selbst Fragen gestellt haben, ein bisschen wie du. Fragen wie: »Wie kommt es, dass jemand ein Tyrann wird?«. »Wie macht man aus einem Steinblock eine Skulptur?« und »Wieso werden aus Kaulquappen Frösche?«

Aristoteles war seinerseits von Platon, einem anderen großen Denker, unterrichtet worden. Und Platon sagte einmal über die Griechen, dass sie wie Frösche um einen Teich sitzen würden, denn für die Griechen war vieles von dem, was sie unter Leben verstanden – Fischen, Einkaufen, Ideen austauschen – damit verbunden, das Mittelmeer zu befahren. Aristophanes, ein Theaterautor aus Athen, hatte großen Erfolg mit der Komödie *Frösche* (die er 405 v. Chr. schrieb). Und eine der Fabeln von Aesop – »Die Jungen und die Frösche« – handelt von ein paar fiesen Jungen, die Steine auf die Frösche eines Teiches werfen, womit er zeigen wollte, dass das, was wir aus Spaß tun, anderen oft Probleme bereitet.

Es scheint also, als hätten diese Männer im alten Griechenland viel Zeit damit verbracht, über Frösche nachzudenken und sich über sie zu unterhalten. Wieso hätte das bei Alexander anders sein sollen? Alexander liebte Homer (er schlief mit einem Dolch und einem Exemplar von Homers Buch *Ilias* unter dem Kopfkissen). Es besteht also die große Wahrscheinlichkeit, dass auch er das lustige Epos *Batrachomyomachia* gekannt hat, »Der Froschmäusekrieg«, von dem einige Leute dachten, es würde von Homer stammen.

Und es gibt keinen Zweifel daran, dass Alexanders Erfahrung mit Fröschen sich nicht nur darauf beschränkt hat, über sie zu lesen. Wer früher im Mittelmeerraum lebte, weit weg von den Geräuschen des 21. Jahrhunderts (Autos, Züge, Flugzeuge, Handys) und durch die Landschaft wanderte, stieß ganz sicher auch auf Frösche, die im Chor quakten und sangen. So etwas kann fast schon wie eine Froschoper klingen. Vielen Dank für diese Frage – ich werde Alexander nie wieder so sehen wie früher.

WORAUS BESTEHEN UNSERE KNOCHEN?

Professor Alice Roberts
Anatomieexpertin und Fernsehmoderatorin

Knochen sind erstaunliche Gebilde. Man könnte denken, dass sie weiß, zerbrechlich und leblos sind, aber die Knochen in deinem Körper sind alle sehr lebendig.

Knochen bestehen aus einem sehr harten Material, doch in diesem Material gibt es eine Menge winziger Zellen. Knochen sind außerdem pinkfarben, weil sich so viele Blutgefäße darin befinden, und sie sind unglaublich stark – so widerstandsfähig wie Eisen, ohne spröde zu sein. Es ist tatsächlich ziemlich schwer, einen Knochen zu brechen – glücklicherweise. Das liegt daran, dass das Knochenmaterial eine raffinierte Mischung aus harten Mineralien ist, die eine Menge Kalzium und robuste Eiweißstoffe enthält.

Knochen verändern sich ständig, innerlich und äußerlich. Wenn du noch wächst, verändern sie deutlich sichtbar ihre Form und ihre Größe, aber auch später, wenn du erwachsen bist, können sie sich verändern. Das liegt daran, dass sie lebendige Zellen in sich tragen. Einige dieser Zellen, die man Osteoblasten oder Knochenbildner nennt, können neues Knochenmaterial herstellen. Andere, die als Osteoklasten bezeichnet werden, verzehren das Knochenmaterial. Zusammen sorgen die Osteoblasten und die Osteoklasten dafür, dass der gesamte Knochen immer die notwendige Form und Größe besitzt, um die Kräfte auszuhalten, denen er ausgesetzt ist.

Wenn du einen Knochen wie deinen Oberschenkelknochen – der Femur genannt wird – nehmen und durchschneiden würdest, würdest du die Zellen nicht sehen. (Dafür brauchst du ein Mikroskop.) Aber du würdest einen Unterschied zwischen der Art des Knochens in der Mitte und am Ende sehen. Bei einem Knochen wie deinem Oberschenkelknochen ist das Knochenmaterial in der Mitte wie ein dicker Zylinder oder eine Röhre aufgebaut, und das Knocheninnere enthält Mark, das bei Erwachsenen hauptsächlich aus Fett besteht, bei Kindern hingegen aus blutbildenden Zellen.

Die Enden dieses Knochens sehen anders aus: In ihnen gibt es keinen Hohlraum, der Mark enthält, sondern sie sind vollständig mit einer Knochensubstanz ausgefüllt, die wie ein Schwamm aussieht und die man als spongiöses – das bedeutet schwammiges – Knochengewebe bezeichnet. Natürlich ist der Knochen trotz dieser Bezeichnung nicht weich und schwammig, sondern im Gegenteil sogar sehr hart.

Da Knochen lebendig und voller Zellen und Blutgefäße sind, kann ein Knochenbruch sehr gut von allein heilen. Es hilft, wenn man die gebrochenen Enden des Knochens ruhigstellen kann, weshalb die Ärzte einen gebrochenen Arm oder ein gebrochenes Bein schienen oder in Gips legen. Nach nur wenigen Wochen ist neues Knochenmaterial entstanden, das die zerbrochenen Enden wieder »zusammenklebt«. Ich hoffe, du stimmst mir jetzt zu – Knochen sind etwas Erstaunliches!

WAS TUT MAN, WENN MAN SICH OHNE ESSEN UND TRINKEN AUF EINEM BOOT BEFINDET?

Roz Savage
Die erste Frau, die über drei Ozeane gerudert ist

Glücklicherweise ist mir so etwas nie passiert. Ich nehme immer einen riesigen Essensvorrat mit und besitze eine Maschine, die Salzwasser in Trinkwasser umwandelt. Wenn ich allerdings nichts mehr zu essen hätte und mein Wassermacher defekt wäre, müsste ich mir etwas einfallen lassen.

Um etwas zu essen zu haben, könnte ich Fische fangen. Aber das würde ich nur sehr, sehr ungern tun. Normalerweise versammelt sich ein kleiner Fischschwarm unter meinem Boot, und mit der Zeit kann ich einzelne Fische an ihrer Größe oder ihren Narben erkennen. Ich bin auf meinem Boot ganz allein, also sind diese Fische meine einzige Gesellschaft. Manchmal spreche ich sogar mit ihnen. (Sollten sie allerdings jemals antworten, hätte ich ein echtes Problem.) Es würde mir wirklich schwerfallen, sie zu fangen und zu töten, aber ich schätze, wenn ich richtig hungrig wäre, würde ich es tun müssen.

Was das Wasser betrifft, würde ich mithilfe meines Sonnendachs Regen auffangen. Was allerdings ziemlich schwierig wäre, denn oft regnet es tage- oder wochenlang nicht. Und wenn es dann doch mal regnet, ist es manchmal so windig, dass der Regen waagerecht angeflogen kommt, sodass man ihn kaum auffangen könnte. Deshalb würde ich außerdem versuchen müssen, Ausschau nach einem vorbeifahrenden Schiff zu halten und dort um Wasser zu bitten. Ich hoffe nur, man würde es mir nicht in Plastikflaschen geben, denn ich habe schon eine Menge Plastikmüll auf dem Meer treiben sehen, deshalb versuche ich, Plastikflaschen zu vermeiden.

Im Allgemeinen bereite ich mich sehr gut vor, wenn ich auf eine solche Reise gehe, und ich hoffe, dass mir niemals das Essen und das Wasser ausgehen. Das Leben auf dem Ozean ist auch so schon schwer genug – es gibt Wellen, die so hoch sind, dass sie mein Boot zum Kentern bringen können, und Stürme und Haie. Also, wenn ich da auch noch hungrig und durstig wäre, das wäre einfach zu viel!

WIESO FINDET MEINE KATZE IMMER WIEDER ZURÜCK NACH HAUSE?

Dr. Rupert Sheldrake
Biologe und Autor

Wenn eine Katze über kurze Entfernungen hinweg nach Hause zurückfindet, von einer Stelle aus, an der sie schon früher einmal gewesen ist, erinnert sie sich wahrscheinlich einfach nur an vertraute Merkmale, Gebäude, Bäume und so weiter. Genauso wie du, wenn du von einem bekannten Ort nach Hause gehst. Aber manchmal finden Katzen auch dann aus vielen Kilometern Entfernung nach Hause zurück, wenn sie sich in einer ihnen unbekannten Gegend befinden – etwa, weil sie mit im Urlaub waren und ihre Besitzer ohne sie wieder abreisen mussten, da sie gerade nicht zu finden waren.

Hunde tun das auch. Sie scheinen einen Orientierungssinn zu haben, der ihnen hilft, auch von Orten aus zurückzufinden, an denen sie noch nie zuvor gewesen sind – in manchen Fällen über Hunderte von Kilometern hinweg, wie in dem Disney-Film *Die Unglaubliche Reise* zu sehen ist, der auf einer wahren Geschichte beruht.

Dies ist nur die Spitze des Eisbergs, was die Fähigkeiten von Tieren betrifft, zurückzufinden. Heimkehrende Tauben finden ihren Taubenschlag aus großer Entfernung; bei Taubenwett-

bewerben tun sie das die ganze Zeit. Diese Tauben können an einem einzigen Tag 1000 Kilometer weit nach Hause fliegen. Und das nicht etwa, weil sie ihren Heimatschlag sehen können oder sich – dies hat die wissenschaftliche Forschung gezeigt – an die Drehungen und Wendungen des Hinflugs erinnern würden. Es hängt auch nicht vom Stand der Sonne ab, denn sie können auch an bewölkten Tagen nach Hause fliegen, und man kann ihnen sogar beibringen, es nachts zu tun.

Bei dieser Fähigkeit scheint das Magnetfeld der Erde eine Rolle zu spielen. Ein Kompass zeigt aufgrund des Magnetfelds nach Norden, also kann man mit seiner Hilfe feststellen, in welche Richtung man geht. Aber selbst, wenn die Taube über einen Sinn verfügen würde, der wie ein Kompass funktioniert, würde sich dadurch nicht alles erklären lassen. Wenn du mit einem Kompass an einem unbekannten Ort abgesetzt würdest, würde er dir zwar sagen, wo Norden ist, aber nicht, in welcher Richtung dein Zuhause liegt.

Wandernde Tiere und Zugvögel vollbringen sogar noch größere Kunststücke, was ihre Orientierungsfähigkeit angeht. Britische Kuckucke ziehen nach Südafrika, überqueren dabei die Sahara und lassen ihre Kinder zurück. Die jungen Kuckucke, die in England bleiben, werden von Vögeln anderer Arten aufgezogen und bekommen ihre Eltern nie zu Gesicht. Und doch versammeln sich die jungen Kuckucke einige Wochen, nachdem die Elterngeneration weggeflogen ist, und finden ihren Weg zur Heimat ihrer Eltern in Afrika.

Auch hier scheint der Magnetismus eine Rolle beim Wanderverhalten der Tiere zu spielen, aber er bietet nicht die ganze Erklärung. Ich selbst glaube, dass die Tiere durch ein Feld mit ihrem Zuhause verbunden sind, das wie eine Art unsichtbares elastisches Band funktioniert. Wenn man eine Taube Hunderte von Kilometern von ihrem Zuhause entfernt freilässt, zieht sie ihre Kreise und fliegt dann in Richtung ihres Zuhauses, als würde sie auf einen Zug antworten. Junge Kuckucke erben einen Orientierungssinn und scheinen von einer Art Ahnenfeld gezogen zu werden, einer kollektiven Erinnerung dieser Spezies. Aber dies ist nur eine Theorie. Niemand weiß genau, wie die Tiere das schaffen.

WAS IST IM INNERN DER WELT?

Professor Iain Stewart
Geologe

Gestein. Und zwar in einer Schicht, die mehr als 6000 Kilometer dick ist! Das entspricht grob geschätzt der Entfernung von Paris (Frankreich) nach Delhi (Indien), nur dass es dabei direkt zum Zentrum der Erde hinuntergeht.

Tief im inneren Kern der Erde hat der enorme Druck des Planeten das stark metallhaltige Gestein zu festem Eisen zusammengepresst. Wenn du so weit nach unten gehen könntest, würdest du einzelne Eisenkristalle finden, die viele hundert Meter lang sind.

Etwas weiter außen, wo der Druck geringer ist, aber höhere Temperaturen herrschen als an der Oberfläche der Sonne, befindet sich das gleiche Material in Form von flüssigem Eisen. Dieses wirbelnde, stürmische Meer aus Eisen im äußeren Erdkern sorgt für das Magnetfeld der Erde und hält die an der Oberfläche liegenden Teile unseres Planeten in Bewegung.

Stell dir ein riesengroßes gekochtes Ei vor, in dem der Eidotter nur teilweise hart ist – das flüssige Eigelb entspricht dem fließenden äußeren Erdkern. Wenn du dieses Bild beibehältst, erinnert das gummiartige Eiweiß des gekochten Eis an die leichteren Gesteinsarten, die die umgebende Hülle des Planeten bilden. Dies ist der Erdmantel. Hier, in einer Tiefe von vielen hundert Kilometern, ist der Erdmantel so heiß, dass er schmelzen könnte, wenn ihn der starke Druck nicht daran hindern würde. Dieser Druck sorgt dafür, dass der Mantel fest bleibt, oder zumindest einigermaßen fest, sodass er wie warme Knetmasse gequetscht wird.

Darüber befindet sich die hauchdünne Außenhaut des Planeten: eine zähe, spröde »Kruste«, die gewöhnlich ein paar Kilometer dick ist.

Nur in der Erdkruste sinken die Temperaturen schließlich auf weniger als 100 Grad Celsius. Der beständige Hitzeverlust vom superheißen Inneren der Erde nach außen hin sorgt dafür, dass die kalte, feste Hülle der Erde immer wieder von unten zerbrochen wird und ein sich verlagerndes Puzzle aus Fragmenten bildet. Wir bezeichnen diese Fragmente als »Platten«.

An den Stellen, an denen die Platten auseinanderbrechen, führt das Nachlassen des Drucks dazu, dass das Mantelmaterial (das »Eiweiß«), das direkt darunter liegt, schmilzt und nach oben drängt. Es bricht in Form von geschmolzener Lava aus Vulkanen hervor.

Vulkane brechen am leichtesten am Grund der Ozeane aus, weil die Erdkruste dort am dünnsten ist. Wenn diese glühenden Brüche abkühlen, bildet sich eine neue Kruste. Oder aber die Kruste wird zerstört, geht an den Stellen verloren, wo Platten zusammenstoßen und zerbröseln oder eine Platte sich unter eine andere schiebt. Die Narben, die von diesem gewaltigen Recycling-System zurückbleiben, sind die großen Gebirgsketten wie der Himalaya oder die Anden. Tatsächlich sieht man überall auf der Oberfläche der Erde – ob man nun auf

Kontinente blickt oder Ozeane oder Berge oder Vulkane – das Ergebnis davon, dass sich die Platten viele Millionen Jahre lang bewegt haben.

Aber wirklich erstaunlich ist, dass der Motor, der diese spektakuläre Planetenmaschine antreibt, sich Tausende von Kilometern tief im zum Teil geschmolzenen Innern der Erde befindet.

WER IST GOTT?

Wer ist Gott? Diese Frage gehört zu denen, die besonders häufig gestellt wurden – und es handelt sich eindeutig um eine, auf die es mehrere Antworten gibt. Wir haben drei Menschen, die jeweils eine andere Sicht auf das Thema haben, um ihre Antwort gebeten.

Julian Baggini
Philosoph

Wer ist Gott? Das ist eine gute Frage, und die Wahrheit ist, dass wir alle eine Vorstellung davon zu haben scheinen, wer er ist, aber niemand es wirklich weiß.

Für viele ist Gott ein bisschen wie ein Vater, aber ein Vater für alle. Er hat das Universum und alle in diesem Universum erschaffen, und er liebt uns alle. Aber er ist auch bereit, mit uns zu schimpfen und uns zu bestrafen, wenn wir das Falsche tun. Menschen, die sich Gott auf diese Weise vorstellen und an diesen Gott glauben, denken, dass wir ihm genauso gehorchen und ihn genauso lieben sollen, wie wir unsere menschlichen Eltern lieben und ihnen gehorchen.

Aber diese Menschen sind sich nicht darüber einig, wer Gott nun genau ist. Und da sie verschiedene Ideen haben, was das betrifft, gibt es auch verschiedene Religionen – und in diesen verschiedenen Religionen verschiedene Gruppierungen.

Dann gibt es Menschen, die denken, dass Gott gar keine Person ist, sondern eine Art Kraft. Die Welt ist voll von Gutem und Bösem, und »Gott« ist der Name, den wir dem Guten geben.

Wieder andere denken, dass Gott gar nicht existiert. Sie glauben, die Menschen haben sich die Vorstellung von Gott ausgedacht, um zu erklären, wie das Universum entstanden ist und warum wir gut sein sollen. Und jetzt, seit die Wissenschaften uns helfen, die Welt besser zu verstehen, glauben diese Leute, dass wir gar nicht mehr an Gott glauben müssen.

Die Frage »Wer ist Gott?« lässt sich also nicht so einfach beantworten. Du wirst herausfinden müssen, welche Antwort für dich am meisten Sinn ergibt. Und für den Fall, dass du das tust, gebe ich dir hier meinen persönlichen Rat: Wenn dir irgendjemand sagt, er oder sie würde ganz sicher wissen, wer Gott ist, sei vorsichtig.

Meg Rosoff
Autorin

Na, das ist vielleicht eine Frage! Ist Gott ein Mann? Oder eine Frau? Oder ein Fisch? Oder eine Ziege? Ist Gott alt oder jung? Dick oder dünn? Hat er die Größe einer Zwiebel oder die eines Dinosauriers oder des Mount Everest? Ist Gott so langsam wie eine Schnecke oder so schnell wie eine Sternschnuppe? Ist Gott unsichtbar? Zum Essen weggegangen? Hört er aufmerksam zu? Oder ist er nur eine Vorstellung, die jemand vor 10 000 Jahren aufgebracht hat?

Lebt Gott im Himmel? Auf einer Wolke? Irgendwo da draußen im Weltraum? In unseren Köpfen? In der Bibel? Oder nirgendwo?

Manche Menschen glauben, dass Gott die Menschen erschaffen hat.

Manche Menschen glauben, dass die Menschen Gott erschaffen haben.

Manche Menschen glauben, dass ihr Gott der einzige Gott ist.

Manche Menschen glauben, dass es ganz viele Götter gibt – Hunderte!

Manche Menschen würden alle anderen töten, die nicht ihrer Meinung sind, wer oder was Gott genau ist.

Manche Menschen sind absolut und einhundertprozentig sicher, dass sie wissen, dass es keinen Gott gibt.

Manche Leute sind sich da … einfach … nicht so sicher.

Vielleicht ist Gott ein Gefühl. Ein schönes Gefühl, das dir Sicherheit schenkt. Oder ein schreckliches Gefühl, das dir sagt, *du sollst dies nicht tun, du sollst das nicht tun, du sollst überhaupt keinen Spaß haben*! Vielleicht ist Gott die Stimme in deinem Kopf, die dir sagt, dass du anderen Menschen nicht wehtun sollst. Nicht stehlen oder töten oder dich selbst belügen sollst. Oder den Deckel wieder auf das Senfglas tun sollst.

Vielleicht ist Gott wie die Natur. Wie ein sonniger Tag oder eine Welle im Meer. Vielleicht kannst du Gott nur sehen, wenn es nötig ist, dass du Gott siehst. Oder vielleicht ist Gott gar nicht da.

Niemand kann dir sagen, dass dein Gott nicht der richtige Gott ist oder dass deine Vorstellung von Gott falsch ist.

Du musst nicht an Gott glauben. Gott muss nicht an dich glauben. Es ist deine Entscheidung. Und du kannst jederzeit deine Meinung ändern.

Francis Spufford
Autor

Zuerst einmal das, was Gott alles nicht ist: Er ist kein Superheld. Er ist nicht jemand wie wir, der einfach nur stärker und schneller und schlauer ist und Seine besonderen Kräfte benutzt, um auf der Welt herumzurennen. Tatsächlich ist Er überhaupt nicht Teil der Welt. Wenn du an Ihn glaubst, ist Er der Grund, warum es eine Welt gibt. All die Dinge, die du siehst, sind hier, weil Er Liebe in sie hineinströmen lässt, damit sie da sind.

Du kannst nicht beweisen, dass Er existiert. (Und du kannst auch nicht beweisen, dass Er nicht existiert.) Aber Menschen, die an Ihn glauben – wie Christen, Juden und Moslems –, neigen zu der Überzeugung, dass wir fühlen können, dass Er hier ist. Für uns ist Er in der friedlichen Stille unseres Geistes. Er ist im Klang unserer Gebete. Er ist bei uns, wenn wir uns auf einer einsamen Straße nicht allein fühlen. Christen neigen zu dem Gefühl, dass Er dann am nächsten ist, wenn wir lieben, und Juden und Moslems neigen zu dem Gefühl, dass Er es dann ist, wenn wir uns richtig verhalten. Wir alle stimmen jedoch überein, dass Er sich etwas aus uns macht, und dass es Ihn kümmert, was wir tun.

Wir machen Fehler, aber Er gibt uns niemals auf. Er ist die Person, die uns liebt, was immer auch passiert. Wenn das nach einer idealen Mutter oder einem idealen Vater klingt, dann ist das kein Wunder, denn für die Menschen, die an Ihn glauben, ist er die Mutter und der Vater des ganzen Universums. Vielleicht haben wir Ihn erfunden, indem wir an Mütter und Väter gedacht haben und uns jemanden vorgestellt haben, der ganz groß ist, aber so fühlt es sich nicht an. Es fühlt sich eher so an, als wenn all das, was an Familien gut ist, eine Art kleiner Hauch von dem ist, wie das Universum, in dem wir leben, letztlich wirklich ist, trotz allem.

Wenn wir grausame oder zerstörerische Dinge tun, entfernen wir uns immer weiter von Ihm, und wenn wir Dinge tun, die nett sind oder mitfühlend, nähern wir uns dem, wie Er ist. Verglichen mit Ihm sind wir zeitlich begrenzte kleine Leute, die durch die winzigen Fenster ihrer beiden Augen auf die Welt blicken. Aber merkwürdigerweise fühlen wir uns nicht klein, wenn wir an Ihn denken – zumindest nicht auf bedrückende oder entmutigende Weise. Es fühlt sich eher so an, wie wenn man auf die Spitze eines sehr hohen Berges klettert, wo die Sonne wie ein Diamant an einem tiefblauen Himmel glitzert und man Hunderte von Kilometern in alle Richtungen sehen kann. Du bemerkst, dass die Welt noch viel größer ist, als du dachtest, und dass auch du vielleicht, nur vielleicht, größer sein kannst, als du gedacht hast.

WIE VIELE VERSCHIEDENE KÄFER GIBT ES AUF DER WELT?

Dr. George McGavin
Insektenkundler

Heute gibt es etwa 387 000 benannte Käferarten. Man hat erst vor 300 Jahren angefangen, die Arten zu benennen und einzuordnen. Seither wurden etwa 1,5 Millionen Tierarten beschrieben und benannt. Von diesen sind etwa eine Million Insekten, und die Käfer sind die zahlreichste Insektenart. Anders ausgedrückt, es gibt mehr verschiedene Käferarten auf der Welt als irgendetwas sonst.

Die ganz genaue Anzahl können wir aber nicht kennen. Manchmal kommt es vor, dass eine Spezies aufgrund eines Fehlers mehr als einmal benannt wird, und außerdem werden die ganze Zeit neue Arten entdeckt. Man könnte sich auch fragen, warum es so viele Insekten gibt und warum es gerade so viele Käfer gibt. Nun, Insekten sind hier seit mehr als 400 Millionen Jahren, und sie haben sich sehr bewährt, weil sie meist klein sind und sich rasch vermehren.

Insekten waren auch die ersten Tiere, die sich in die Lüfte

erhoben haben. Sie sind schon viele Millionen Jahre lang geflogen, bevor es Vögel und Fledermäuse gegeben hat.

Käfer haben – genau wie viele andere Insekten – zwei Flügelpaare, aber die vorderen Flügel sind verhärtet und verdickt. Diese Deckflügel oder »Elytra« schützen die größeren und zarteren hinteren Flügel, wenn sie nicht in Gebrauch sind. Dadurch waren die Käfer in der Lage, sich an allen möglichen Orten auf dem Planeten anzusiedeln.

Dann bescherte die Evolution den Käfern vor 100 Millionen Jahren in Form der blühenden Pflanzen eine ganze Reihe neuer Möglichkeiten, wie und wo sie leben und wovon sie sich ernähren konnten, und die Anzahl der Käferarten nahm dramatisch zu. Und obwohl es vor allem im Regenwald noch viel mehr Käferarten zu entdecken gibt, werden wir vielleicht nie etwas über sie erfahren, weil diese Lebensräume und die Tiere, die dort leben, zerstört werden.

WIE WEIT IST DER WELTRAUM WEG?

Marcus Chown
Autor von Büchern über den Weltraum und das Universum

Wahrscheinlich denkst du, der Weltraum ist viele tausend oder sogar Millionen Kilometer weit weg. In Wirklichkeit befindet er sich aber nur gerade mal 32 Kilometer von deiner Haustür entfernt – direkt nach oben. Sicherlich könntest du 32 Kilometer weit gehen, auch wenn du dabei sehr müde werden und vielleicht ordentlich stöhnen würdest. Um aber 32 Kilometer direkt nach oben zu gehen, bräuchtest du eine Rakete.

Raketen sind tatsächlich sehr schlecht darin, in den Weltraum zu kommen. Das Problem ist, dass es keinen Raketentreibstoff gibt, der stark genug ist, um sich selbst und die metallene Hülle der Rakete auf einen Schlag in den Weltraum zu befördern. Die einzige Möglichkeit, wie Menschen eine Rakete in den Weltraum bringen können, besteht darin, einen Teil von ihr wegzuwerfen, wenn die Rakete hoch in der Luft ist. Dadurch wird das, was von der Rakete übrig ist, leichter, und es ist einfacher für den Treibstoff, sie ganz in den Weltraum zu schieben.

Stell dir vor, deine Mutter oder dein Vater würden jedes Mal, wenn sie in den Supermarkt fahren, den größten Teil des Autos wegwerfen, sodass nur ein Lenkrad und fünf Räder üb-

238

rig blieben. Wenn sie also nächstes Mal wieder dorthin müss-
. ten, müssten sie vorher erst ein neues Auto bauen. Das ist lächerlich? Aber genau das muss man bei Raketen tun: für jeden
Abschuss eine neue bauen. Kein Wunder, dass es so teuer ist,
in den Weltraum zu kommen – jeder Start eines amerikanischen Space Shuttles kostet etwa 500 Millionen Dollar.

Vernünftig wäre es, eine Leiter von 32 Kilometern Höhe zu
bauen, um in den Weltraum zu gelangen. Unglücklicherweise
würde eine Leiter von dieser Höhe, selbst wenn sie aus dem
stärksten Metall bestehen würde, über das wir verfügen, unter
ihrem eigenen Gewicht zusammenbrechen. Aber es werden
ständig stärkere Materialien erfunden. Deshalb hast du gute
Chancen, zu erleben, dass irgendwann so etwas wie eine Welt-
raumleiter – dann wohl eher bekannt als »Weltraumaufzug« –
gebaut wird. Dann wird es endlich billig und einfach sein, in
den Weltraum zu kommen. Vielleicht verbringen wir dann sogar unsere Ferien dort.

WIE ENTSTEHEN BLITZE?

Professorin Kathy Sykes
Physikerin

Es kann ziemlich atemberaubend sein, Blitze am Himmel zu beobachten. Sie wirken geheimnisvoll, und selbst in der heutigen Zeit wissen wir noch nicht alles über sie.

Wir wissen, dass sie normalerweise in Kumulonimbus-Wolken vorkommen, also in Gewitterwolken oder Quellwolken, die unglaublich hoch sind und manchmal sogar fast bis in eine Höhe 20 Kilometern reichen. Diese Wolken bilden sich während eines Gewitters. Sie sind oft dunkel und sehen wütend aus und haben manchmal oben einen »Amboss« – das ist ein Bereich der Wolke, der sich von ihrer Mitte aus ein gutes Stück erstreckt und wie ein Pilzhut aussehen kann.

In Gewitterwolken herrschen sehr starke Winde. (Sie sind so stark, dass es für kleinere Flugzeuge gefährlich ist, in sie hineinzufliegen). Diese Winde tragen feuchte Luft in die kälteren Gebiete ganz oben, und es bilden sich Regen und Eisstücke. Wir denken, dass der Regen und das Eis und der Wind im Innern der Wolke die Blitze bilden könnten. Aber bevor wir weiter darüber sprechen, wie Blitze tatsächlich entstehen, müssen wir ein bisschen mehr über Atome wissen.

Alles besteht aus Atomen. Du bist aus Atomen, genauso

wie Steine, Wasser, Tiere, Pflanzen und Luftmoleküle. Atome beinhalten positive Ladungen, die durch negative Ladungen ausgeglichen werden, die wir Elektronen nennen. Normalerweise bleiben diese positiven und negativen Ladungen dicht aneinander gebunden, denn sie ziehen sich heftig an. Große Kräfte können sie allerdings voneinander trennen. Und wenn die beiden Ladungen getrennt sind, »wollen« sie so bald wie möglich wieder zusammenkommen.

Kehren wir jetzt wieder ins Innere der Gewitterwolke zurück. Möglicherweise trennt der von den starken Winden getriebene Regen die negativen von den positiven Ladungen, wenn er mit den Eispartikeln zusammenstößt. Also sammeln sich in den tieferen Schichten der Wolke negative Elektronen, während positive durch die Winde nach oben getragen werden. Wie die Ladungen im Einzelnen getrennt werden, ist nicht vollkommen geklärt. Es gibt verschiedene Theorien unter den Wissenschaftlern. Aber sobald sich im unteren Teil der Wolke negative Ladung sammelt und im oberen Teil positive, können sich Blitze bilden. Die Ladungen wollen wieder zusammenkommen. Die starke negative Ladung unten in der Wolke will wieder neutral werden, indem sie sich entweder mit der positiven Ladung oben in der Wolke verbindet oder mit der Erde unter ihr, die vergleichsweise positiv ist.

Schließlich sind die Ladungen so unterschiedlich, dass die Elektronen tatsächlich versuchen, zum Boden zu gelangen. Ein Leitblitz bildet sich – so nennt man den ersten Blitz, der von der Wolke kommt und meist mehr als 50 Meter lang ist. Er verzweigt sich, und es bilden sich weitere Leitblitze. Während diese dem Boden näher kommen, wollen die positiven Ladungen auf dem Boden sich mit der starken negativen Ladung an der Spitze des Blitzes verbinden.

Wenn du jemals in einem Gewitter das Gefühl hast, dass dir die Haare zu Berge stehen, solltest du anfangen, dir Sorgen zu machen! Das geschieht nämlich, weil sich die positive Ladung auf dir mit der negativen Ladung in der Wolke verbinden möchte, und du wirst zu einem Leitblitz hingezogen. Wenn die Ladungen auf dir sich irgendwo hinbewegen wollen, können deine Haare dir das anzeigen.

Nach kurzer Zeit erreicht der Leitblitz den Boden, oder die positiven Ladungen vom Boden erreichen ihn. Damit hat der Blitz eingeschlagen, und elektrische Ladung wandert pulsierend zur Wolke hin und wieder zurück. Die positiven Ladungen, die vom Boden kommen und als »Return stroke« bezeichnet werden, bilden übrigens den wirklich hellen Teil des Blitzes. Die Leitblitze sind beinahe unsichtbar.

Manchmal kann man Blitze in den Wolken oder zwischen den Wolken sehen. Die negativen Ladungen im unteren Teil der Wolke können Leitblitze bilden, die von dort nach oben gehen.

Ganz egal, in welche Richtung: Dieser erstaunliche Vorgang ist eine Möglichkeit der Atmosphäre, Ladungen wieder auszugleichen, die getrennt worden sind.

WIESO SIND MANCHE MENSCHEN GRÖSSER ALS ANDERE?

Katie Woodard
Gerichtsmedizinerin

Alle Menschen haben in ihren Zellen (aus denen alle Lebewesen bestehen) DNA. Deine DNA kommt von deiner Mutter und deinem Vater, und sie ist wie ein magischer Code, der für alles steht, was in deinem Körper passiert, und zwar von dem Tag an, an dem du in deiner Mutter zu wachsen beginnst.

Wie du wahrscheinlich bemerkt hast, können die Menschen mancher Völker im Durchschnitt größer oder kleiner sein als andere. Dies hat sich im Laufe der Zeit so entwickelt – wir sprechen hier von Tausenden von Jahren! Es gibt viele Gründe, warum das so ist, zum Beispiel hängt es davon ab, wie viel gesunde Nahrung ihnen in all der Zeit zur Verfügung stand.

Aber das ist nicht alles! Nur weil du einen Blumensamen pflanzt, heißt das noch nicht, dass daraus eine wunderschöne Blume wird, oder? So wie die Blume zum Wachsen Sonnenschein braucht und Wasser und guten Boden, brauchst du bestimmte Dinge, um so groß zu sein, wie du gedacht bist – so groß, wie dein DNA-Code es zulässt. Für Menschen bedeutet dies, dass sie genug Schlaf bekommen, sich bewegen und vor allem gesunde Nahrung zu sich nehmen – frische, vollwertige Sachen, am besten selbst hergestellt, damit möglichst viele Nährstoffe drin sind.

WARUM IST PIPI GELB?

Sally Magnusson
Journalistin

Pipi ist eigentlich Blut, das seine Aufgabe erledigt hat. Es hilft uns, ein paar erstaunliche Dinge zu tun.

Stell dir vor, das Blut wäre ein Zug, der durch unseren Körper tuckert und unterwegs alle möglichen lebenswichtigen Dinge aufnimmt und wieder fallen lässt, damit wir gesund bleiben. Am Ende einer jeden Reise bleiben ein paar Dinge übrig. Im Falle des Blutes gehören hierzu auch Tausende von wichtigen Chemikalien wie Stickstoff und Ammoniak.

Unsere Nieren schicken diese Überreste zusammen mit viel überschüssigem Wasser direkt zur Blase. Von dort aus strömen sie mehrmals am Tag nach draußen – und genau das ist Pipi.

Aber wieso ist es gelb? Nun, die Zellen, die dem Blut seine rote Farbe verleihen, sind schließlich vom vielen Herumtuckern ganz erschöpft. Und während sie absterben, werden sie gelb. Sie werden dann genau wie viele andere Überreste in unser Pipi geworfen, und gemeinsam färben all diese Dinge die Flüssigkeit gelb. Man fasst all die Stoffe, die für die goldgelbe Färbung verantwortlich sind, unter dem Begriff Urochrome zusammen. Aber vielleicht hast du auch schon bemerkt, dass

Pipi nicht immer gelb ist. Manche Nahrungsmittel hinterlassen ihre eigene Farbe. Sieh dir dein Pipi mal an, wenn du viel Rote Beete gegessen hast. Es ist leuchtend rot. Iss zu viele Karotten, und es kann ein bisschen orange aussehen. Spargel kann dem Urin einen grünlichen Schimmer verleihen.

Und wenn du nicht genug trinkst, wird dein Pipi dunkel. Das ist eine ernste Sache. Tatsächlich haben die Ärzte schon früher die Farbe des Pipis kranker Menschen untersucht, um herauszufinden, was mit ihnen los war. Der arme König George III., der unter einer Geisteskrankheit litt, hat es fertiggebracht, blaues Pipi zu machen – was ein ziemlicher Schock gewesen sein muss.

Und hier kommt das Erstaunliche. Erinnerst du dich, dass in unserem Pipi so viele wichtige Chemikalien sind? Sie können wiederverwendet werden.

Schon immer in der Geschichte der Menschen haben sich Leute Pipi auf die Haut gerieben, um Wunden zu heilen und Verbrennungen zu lindern. Andere haben Pflanzen darin eingeweicht, um Färbemittel herzustellen. Pipi wurde benutzt, um Brot zu machen (ja, wirklich). Es unterstützt Blumen und Feldfrüchte beim Wachsen. Und ob du es glaubst oder nicht – Pipi war jahrhundertelang ein wesentlicher Bestandteil von Schießpulver.

Das Ammoniak im Pipi sorgt dafür, dass man fast alles damit saubermachen kann. Die Römer haben ihre Togen darin gewaschen, und bis vor einiger Zeit haben Weber es benutzt, um Stoffe zu reinigen. Früher konnten die Menschen in England ihr Pipi für einen Penny pro Eimer verkaufen. Aber mach dir heutzutage keine Hoffnungen!

Wohlgemerkt, Pipi erweist sich heutzutage immer noch als

nützlich. Wissenschaftler in Schottland haben eine Möglichkeit gefunden, Strom daraus zu erzeugen. In Dänemark wird Schweinepisse aufbereitet, um Plastik und – wart's ab – Lippenstifte herzustellen. In den USA produzieren Forscher Wasserstoff aus Pipi und hoffen, dass er eines Tages sogar Autos antreiben kann.

Oh, und es eignet sich ganz hervorragend als unsichtbare Tinte.

Nicht schlecht für eine bescheidene gelbe Flüssigkeit, die wir immer wegspülen, oder?

WELCHES WAR DIE GRÖSSTE SCHLACHT, IN DER DIE RÖMER JEMALS GEKÄMPFT HABEN?

Gary Smailes
Militärhistoriker und Kinderbuchautor

Machen wir uns nichts vor, die Römer mit ihren strahlenden Rüstungen, den spitzen Speeren (*Pilum* genannt) und den tödlichen, rasiermesserscharfen, Arme und Beine abtrennenden Schwertern (*Gladius* genannt) waren einfach nur große ANGEBER. Darüber hinaus waren sie ein äußerst undankbarer Haufen und nur zufrieden, wenn sie andere Völker aufmischen konnten. Tatsächlich waren die Römer ein bisschen wie Schulhofschläger, nur dass sie Metallhelme, furchterregende Schwerter und Riemchensandalen trugen.

Das bedeutet, dass die Römer JEDE MENGE Schlachten führten. Die Frage ist, welche von ihnen war die *größte*?

Und da haben wir jetzt ein Problem. Die Römer waren nicht nur Raufbolde, sie waren auch GEWALTIGE Aufschneider. Nach einer Schlacht bemühten sich ihre Geschichtsschreiber für gewöhnlich, die Römer so stark wie möglich erscheinen zu lassen. Also erzählten sie den Leuten, dass es JEDE MENGE Feinde und fast KEINE Römer gegeben hätte. Von den römischen Geschichtsschreibern kamen dann so Behauptungen wie: »O ja, da waren nur vier Römer, und zwei von ihnen waren ein bisschen müde, und da waren, na ja … SECHZEHN MILLIARDEN Feinde!«

Glücklicherweise sind die Historiker von heute ziemlich gut, wenn es darum geht, diese Lügen aufzudecken und herauszufinden, was wirklich passiert ist.

Das bedeutet, dass wir annehmen – auch wenn wir es nicht ganz genau wissen –, dass die GRÖSSTE römische Schlacht die bei Philippi war. Diese Schlacht fand 42 Jahre vor der Geburt von Jesus statt. Alles fing damit an, dass der römische Herrscher Julius Caesar in eine kleine Messerstecherei verwickelt und von seinen sogenannten Kameraden brutal ermordet wurde. Nach Caesars Ermordung waren alle ein bisschen verärgert (nun, nicht ganz so aufgebracht wie Caesar, wie du dir denken kannst), und sie beschlossen, einen RIESIGEN Kampf auszutragen, um zu entscheiden, wer der nächste römische Herrscher werden würde.

Auf der einen Seite waren Marcus Antonius und Octavian. Sie beschlossen, dass sie einen cooleren Namen brauchten, und nannten sich die Triumvirn. Auf der anderen Seite standen Marcus Junius Brutus und Gaius Cassius Longinus. Sie fühlten sich ein bisschen ausgegrenzt und beschlossen, sich ebenfalls einen cooleren Namen zuzulegen. Sie bezeichneten sich als die Befreier.

Schon bald nach der ganzen Sache mit der Messerstecherei und Caesars Tod machten sich Brutus und Cassius mit ihren Armeen nach Griechenland auf, wo sie ein bisschen in der Sonne herumhingen. Marcus Antonius und Octavian hatten ebenfalls Armeen und beschlossen, ebenfalls nach Griechenland zu marschieren. Und dann trafen sich alle vor der Stadt Philippi.

Wir glauben heute, dass die Triumvirn etwa 100 000 Soldaten hatten, aber wenn man all die anderen möglichen Soldaten und Leute hinzurechnet, kommt man wahrscheinlich auf 223 000 Mann. Die Befreier hatten ebenfalls 100 000 Soldaten, aber wenn man auch bei ihnen alle anderen mit einschließt, waren es wohl 187 000 Mann. Das bedeutet, es könnten etwa 400 000 Mann an der Schlacht beteiligt gewesen sein. Genug, um das Wembley-Stadion vier Mal zu füllen, wobei immer noch ein paar Leute draußen bleiben und Hot Dogs essen müssten.

Also, was ist in dieser Schlacht passiert?

Die Schlacht bestand genau genommen aus ZWEI Schlachten, die zur gleichen Zeit stattfanden. In der einen standen sich Brutus (von den Befreiern) und Octavian (von den Triumvirn) gegenüber. Brutus war der bessere General und drängte Octavians Armee zurück. Damit stand es 1:0 für die Befreier.

In der anderen Schlacht kämpfte Cassius (von den Befreiern) gegen Marcus Antonius (von den Triumvirn). Hier gewann Antonius, und es stand unentschieden. Allerdings erzählte jemand Cassius die üble Lüge, dass sein Kamerad Brutus verloren hätte (der in Wirklichkeit gewonnen hatte). Cassius war deshalb RICHTIG SCHLECHT drauf und tötete sich selbst.

Da die Schlacht unentschieden ausgegangen war, musste sie wiederholt werden. Diesmal waren Brutus und seine Armee allein, und er verlor die Schlacht. Danach verhielt sich Brutus ein bisschen wie ein Nachmacher und tötete sich ebenfalls selbst. Die Beute der Triumvirn war das Römische Reich.

WARUM WIRD MIR LANGWEILIG?

Professor Peter Toohey
Universitätsprofessor und Autor

Du weißt bestimmt, wie Elefanten sind – groß und grau und sehr stark. Und sie haben sehr, sehr lange graue, haarige Nasen, die Rüssel genannt werden. Mit diesen langen Nasen können sie Dinge aufheben oder auch Dinge aufsaugen.

Ich glaube nicht, dass ich mich jemals langweilen würde, wenn ich meinen eigenen Rüssel hätte. Ich würde ihn benutzen, um Wasser aufzusaugen und dann zum Spaß meine Freunde nass zu spritzen. Aber Elefanten langweilen sich. Und wenn sie gelangweilt sind, werden sie mürrisch. Sie schwanken von einer Seite zur anderen, trampeln auf ihren großen Beinen herum und schwingen ihre Rüssel hin und her.

Wie behandelt man Langeweile bei Elefanten? Man spielt ihnen Musik vor. Sie mögen ernste, altmodische Musik mit vielen Geigen. Das überrascht mich nicht, denn ich hatte immer den Eindruck, dass Elefanten irgendwie sehr altmodisch sind. Sie leben sehr lange und werden sehr alt.

Magst du die Art Musik, die Elefanten mögen? Ich wette, das tust du nicht. Du bist wahrscheinlich eher wie ein Schimpanse. Einige Wissenschaftler am Zoo von Belfast in Nordirland haben herausgefunden, dass Schimpansen sich nicht mehr langweilen und nicht mehr mürrisch sind, wenn sie Rock 'n' Roll hören.

Aber wieso langweilen sich Elefanten überhaupt so sehr, dass sie Musik hören müssen? Sie langweilen sich, wenn sie in kleinen Zoos sind und es nicht genug zu tun gibt. Sie langweilen sich, wenn sie nicht mit ihren Freunden herumlaufen können und wenn sie immer genau wissen, was als Nächstes passieren wird: Heu zum Frühstück, Heu zum Mittagessen, Heu zum Abendessen. Das gleiche Bett, der gleiche Käfig, die gleichen alten Freunde.

Du langweilst dich auf die gleiche Weise. Es gibt nicht genug zu tun. Deine Freunde sind woanders. Du musst still und ruhig sein und im Haus bleiben, während du viel lieber draußen spielen würdest.

Wenn dir langweilig ist, sagt dir dein Körper, dass du etwas anderes tun sollst, damit du nicht traurig oder mürrisch wirst. Du musst mit deinen Freunden und deiner Familie rausgehen, musst neue und spannende Dinge entdecken, die du tun kannst. Wieso probierst du nicht das Heilmittel der Elefanten aus, wenn dir das nächste Mal langweilig ist? Leg Musik auf und schwing deine Beine. Oder sei ein Affe und hör etwas Rock 'n' Roll!

LEBEN IN UNSEREM MUND WIRKLICH UNGEHEUER, DIE BAKTERIEN GENANNT WERDEN?

Liz Bonnin
Moderatorin von Wissenschafts- und Natursendungen im Fernsehen

In unserem Mund gibt es keine Ungeheuer. Es lebt dort jedoch tatsächlich etwas, und das ist noch um einiges interessanter. Unser Mund bietet das perfekte Umfeld für Hunderte verschiedene Mikroorganismen wie Bakterien, Viren und Pilze.

Es sind so viele, dass die Mikrobiologen immer noch nicht alle Arten bestimmt haben. Sie sind zu klein, als dass man sie mit dem bloßen Auge sehen könnte, und sie leben ziemlich glücklich in verschiedenen Teilen unseres Mundes – in den Ritzen auf der Zunge, in den Lücken zwischen Zahnfleisch und Zähnen und am Gaumen. Auf einem einzigen Zahn lassen sich etwa 100 000 dieser faszinierenden Geschöpfe finden.

Die Bakterien in unserem Mund leben in Verbundschaften, die als Biofilme bezeichnet werden. Sie können miteinander und auch mit anderen Bakterienarten kommunizieren, wenn sie einen Zahn besiedeln oder ein neues Gebiet erobern.

Einige dieser Organismen sehen vielleicht ein bisschen furchterregend aus, wenn man sie durch ein spezielles Gerät, das als Elektronenmikroskop bezeichnet wird, abertausend-

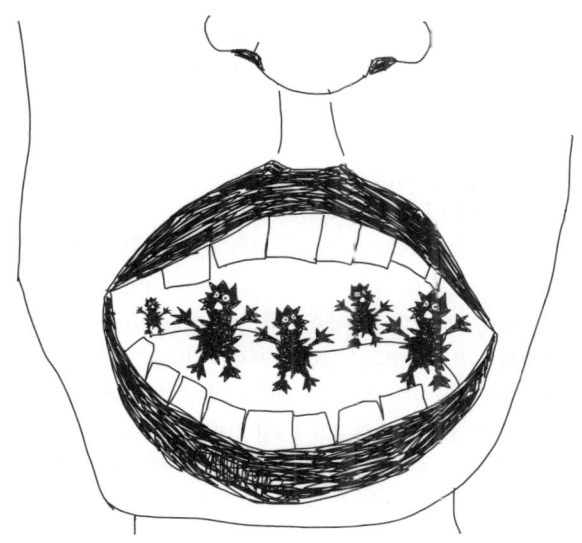

fach vergrößert betrachtet, aber viele von diesen lebenden
Dingern tun uns auch viel Gutes. Sie schützen uns vor schlim-
men Arten von Bakterien, essen die Nahrung, die sich zwischen unseren Zähnen ansammelt, und erzeugen verschiedene
Produkte, die dabei helfen, unseren Mund gesund zu halten.

Das natürliche Verteidigungssystem unseres Körpers ist
hervorragend darin, die Anzahl dieser winzigen Organismen
in Schach zu halten, damit sie sich nicht so sehr vermehren,
dass sie uns schaden können. Und wenn du deine Zähne regelmäßig putzt und sie minzfrisch hältst, trägst du dazu bei, dass
die Bakterien im Gleichgewicht bleiben und kein Unheil an-
richten.

Wir haben jedoch alle von Löchern in den Zähnen gehört,
und die bekommen wir, weil einige Bakterienarten uns scha-

den können, wenn wir uns nicht um unsere Zähne und unser Zahnfleisch kümmern. Zwei der bekanntesten haben lange Namen: Streptococcus mutans und Lactobacillus acidophilus. Sie stellen Säuren her, wenn sie sich von dem Zucker ernähren, den wir gern essen, wie zum Beispiel in Form von Süßigkeiten und Schokolade.

Nun, normalerweise befreit sich unser Speichel von der Säure, die diese Bakterien herstellen, und es gibt kein Problem. Aber heutzutage essen wir so viel raffinierten Zucker, dass es für die Bakterien so ist, als wäre jeden Tag Weihnachten. Mit all dem Zucker in unserem Mund stellen die Bakterien so viel Säure her, dass unser Speichel gar nicht dagegen ankommt. Die Säure zerfrisst unsere Zähne und verursacht hässliche Löcher. Deshalb müssen wir heute sehr viel häufiger zum Zahnarzt als früher, als wir noch nicht herausgefunden hatten, wie man Zucker raffiniert und in so viele Nahrungsmittel steckt.

Aber solange wir uns die Zähne regelmäßig putzen und mit Zahnseide säubern, können wir diese Löcher und andere Probleme verhindern. Und wir können die übrigen Mikroorganismen in einem gesunden Zustand halten.

Wir waren in der Lage, den Planeten zu bevölkern, und geben auch den unglaublichen Mikroorganismen eine Chance, indem wir ihnen in unserem Mund einen großartigen Platz zum Leben bieten. Was sehr nett ist, wenn man es genau bedenkt!

WIESO SCHLAFEN WIR NACHTS?

Russell G. Foster
Professor für Neurowissenschaften

Wir schlafen nachts, weil unsere Körper daran gewöhnt sind, tagsüber aktiv zu sein. Bestimmte Tiere wie Fledermäuse oder Dachse schlafen tagsüber und sind nachts aktiv, weil dies die Zeit ist, in der sie jagen, um etwas zu fressen zu finden.

Wir Menschen können gut sehen, wenn es hell ist, aber nachts sehen wir schlecht und empfinden es als schwierig, uns zurechtzufinden. Fledermäuse und Dachse sehen zwar schlecht, aber sie finden sich nachts anhand von Geräuschen und Gerüchen zurecht. All das erklärt aber nicht, wie unsere Schlafmuster gelenkt werden.

Unser Gehirn sagt uns, wann wir schlafen müssen. Tief in seinem Innern befindet sich eine biologische Uhr. Dabei arbeiten ungefähr 45 000 Nervenzellen zusammen, die ein bisschen wie ein Wecker funktionieren, indem sie dem Rest des Körpers sagen, was er zu bestimmten Zeiten zu tun hat. Dazu gehört eben die Information, wann wir schlafen und wann wir wach sein sollen. Unsere Müdigkeit wird auch von anderen Teilen des Hirns kontrolliert, die messen, wie lange wir wach gewesen sind. Je länger wir wach sind, desto müder fühlen wir uns.

Wenn wir in andere Länder fliegen, die mehrere tausend Ki-

lometer weit weg sind und in anderen Zeitzonen liegen, bekommen wir einen Jetlag. Wenn in Australien Tag ist, ist in England Nacht, und wenn wir in England schlafen gehen, stehen die Leute in Kalifornien auf. Unsere innere Uhr kann sich der neuen Zeitzone nicht sofort anpassen, sie braucht dafür ein paar Tage. Deshalb fühlst du dich in Australien oder Kalifornien zur falschen Zeit müde oder hungrig, bis die Uhr in deinem Gehirn sich von der Zeit zuhause auf die neue Zeitzone umgestellt hat. Wir erholen uns vom Jetlag, weil wir über unsere Augen das Licht in der neuen Zeitzone wahrnehmen und dieses unsere innere Uhr umstellt.

Unsere innere Uhr und die verschiedenen Müdigkeitsstufen arbeiten also zusammen, um unser Schlafmuster zu regulieren. Viele Menschen glauben, dass das Gehirn abgeschaltet ist, während sie schlafen, aber das stimmt nicht. Einige Hirnregionen sind sogar in unseren Schlafphasen aktiver als in unseren Wachphasen. Das liegt daran, dass das Hirn uns während der

Schlafphase hilft, uns daran zu erinnern, was tagsüber passiert ist, und versucht, die neuen Informationen so zu verarbeiten, dass sie Sinn ergeben. Viele Menschen wachen morgens auf und stellen fest, dass sie plötzlich die Antwort auf ein Problem kennen, das ihnen schon seit Ewigkeiten Kopfzerbrechen bereitet.

Auch der Rest des Körpers macht viele Veränderungen durch, während wir schlafen. Junge Leute wachsen während der Schlafphase mehr als im Wachzustand, und in der Nacht laufen häufig Heilungsprozesse ab. Wenn wir jung sind, brauchen wir jede Nacht etwa neun Stunden Schlaf, damit das Hirn während des Tages ganz aktiv sein kann.

Wenn man gut und lange geschlafen hat, kann man besser Probleme lösen, ist weniger schlecht gelaunt und besser im Sport und kann sogar mehr über Witze lachen. Viele Erwachsene schlafen jede Nacht nur fünf oder sechs Stunden und bekommen dadurch nicht genug Schlaf. Wenn dieser Zustand zu lange andauert, können sie ernsthaft krank werden – sie können Probleme mit dem Verdauungssystem oder dem Herz bekommen oder Depressionen entwickeln.

Lange Zeit haben wir nicht begriffen, wieso es so wichtig ist, zu schlafen. Jetzt wissen wir, dass in unserem Körper viele nützliche Prozesse ablaufen, während wir schlafen. Der Schlaf hilft uns, gesund und glücklich zu werden. Also sorge dafür, dass du genug Schlaf bekommst!

WERDEN WIR JEMALS IN DIE VERGANGENHEIT REISEN KÖNNEN?

Dr. John Gribbin
Autor von Sachbüchern und SF-Romanen

Eine Zeitreise ist möglich, aber eine Zeitmaschine zu bauen, wäre sehr schwierig. Man bräuchte zwei Schwarze Löcher, um das zu bewerkstelligen! Das sagen die Regeln der Physik, die beschreiben, wie Raum und Zeit beschaffen sind – Regeln, die von Albert Einstein in seiner Allgemeinen Relativitätstheorie ausgearbeitet wurden.

Ein Schwarzes Loch ist wie ein Loch in Raum und Zeit, und wenn man zwei hätte, die durch einen Zeittunnel miteinander verbunden wären, könnte man vielleicht in das eine hineinspringen und zu einem anderen Zeitpunkt aus dem anderen wieder herauskommen. Zu sagen, dass Zeitreisen möglich sind, ist so ähnlich, wie einem Menschen aus der Steinzeit zu erzählen, dass man in den Weltraum reisen kann. Die Steinzeitmenschen wären dazu nicht in der Lage, bis sie gelernt hätten, die entsprechenden Maschinen zu bauen.

Die Sache hat noch einen anderen Haken. Die Regeln sagen auch, dass es unmöglich wäre, in eine Zeit zurückzugehen, die vor der Erfindung der Zeitmaschine liegt. Genauso, wie man mit der Londoner U-Bahn nirgendwo hinfahren kann, wo es

260

keine Schienen für sie gibt. Das leuchtet ein, denn in der Vergangenheit, in die man zurückkehren wollte, würde es gar keine Zeitmaschine geben! Das »andere Ende« des Schwarzen Lochs ist an den Tag gebunden, an dem es geschaffen wurde.

Wenn also jemand morgen eine Zeitmaschine bauen würde, könntest du sie benutzen, um an irgendeinen x-beliebigen Tag in der Zukunft zu reisen und zum morgigen Tag zurückzukommen. Aber du könntest nicht nach gestern zurückgehen. Das erklärt, warum nicht jede Menge zeitreisender Touristen aus der Zukunft in unserer Welt sind – und es ist der Beweis, dass niemand eine Zeitmaschine gebaut hat. Oder zumindest noch nicht. Deine einzige Hoffnung, von heute aus in der Zeit zurückzugehen, besteht darin, eine Zeitmaschine zu finden, die bereits jemand gebaut hat.

Wenn du eine finden würdest, wohin würdest du dann gehen wollen? Ich würde gern 100 Jahre zurückreisen, um Einstein zu treffen, den Mann, der erklärt hat, wie Raum und Zeit beschaffen sind.

WIE BRINGT MAN EIN FEUER ZUM BRENNEN?

Dr. Bunhead
Zeigt wissenschaftliche Experimente im Fernsehen

Ich werde dir NICHT sagen, wie du ein Feuer machst, denn das ist ein RIESIGES GEHEIMNIS! Außerdem kann es WIRKLICH GEFÄHRLICH sein, Dinge anzuzünden! Du könntest deinen Freund verbrennen oder deine Socken oder was anderes Superschlechtes tun.

Wenn ich es dir aber doch sagen würde, müsstest du es für dich behalten. Du darfst es niemandem verraten, abgesehen von deinem besten Freund oder deiner besten Freundin oder deiner Lieblingsspinne. Du musst versprechen, dass du die Anleitung sehr sorgfältig aufschreibst. Dann faltest du den Zettel ganz klein zusammen. Danach wischst du Popel darüber. Dann stopfst du das Papier in einen Krug mit alten Fußnägeln, sodass NIEMAND anderes sich trauen wird, den Zettel zu lesen. Versprochen?

Okay, dann bin ich bereit, das wissenschaftliche Geheimnis mit dir zu teilen.

Rezept für ein Feuer
Sorge dafür, dass niemand zusieht. Hier ist es …

1. Ein bisschen BRENNSTOFF
2. Ein bisschen HITZE
3. Ein bisschen LUFT

Ja, das ist alles. Du brauchst nur DREI Zutaten, um ein Feuer zu machen. Aber du musst auch mehr wissenschaftlichen Kram kennen. Daher wirst du den nächsten Teil lesen müssen, und der ist SEHR LANGWEILIG (es sei denn, du findest Feuer ganz toll, dann ist er sehr interessant).

Geheimzutat Nummer 1: BRENNSTOFF
BRENNSTOFF ist der Stoff, der brennt.

Holz, Papier, Öl und Kohle sind gute Brennstoffe.

Dinge wie Hände, Steine, Büroklammern oder Popel sind keine guten Brennstoffe.

Geheimzutat Nummer 2: HITZE
HITZE ist das, was du brauchst, um ein Feuer zum Brennen zu bringen.

Du kannst Hitze durch einen Funken bekommen oder wenn du etwas ganz schnell an etwas anderem reibst. Sogar Sonnenlicht, das durch ein Vergrößerungsglas fällt, funktioniert. Dir fallen wahrscheinlich eine ganze Menge anderer heißer Dinge ein, die du benutzen kannst.

Geheimzutat Nummer 3: LUFT
Du musst LUFT haben, um ein Feuer zu entfachen. Tatsächlich brauchst du etwas, das in der Luft ist. Aber das ist so absolut streng geheim, dass du es erst findest, wenn du ganz zu Ende gelesen hast.

Dein eigenes Feuer machen

Reibe deine Hände aneinander. Schneller. So schnell du kannst!
Spürst du, wie heiß sie sind? Haben sie schon Feuer gefangen?
Nein? Keine Sorge, deine Hände werden kein Feuer fangen.
Selbst dann, wenn du sie so lange reibst, dass sie richtig super-
heiß werden, sind Hände kein guter Brennstoff, sie sind abso-
lut ungeeignet, wenn es darum geht, Feuer zu fangen.

Um dein erstes eigenes Feuer zu machen, brauchst du einen
guten BRENNSTOFF, zum Beispiel ein bisschen trockenes
Holz. Dann musst du deinen Brennstoff richtig HEISS machen.
Du könntest ein Holzstück sehr schnell an einem anderen
Holzstück reiben. Und schließlich fügst du noch ein bisschen
mehr LUFT hinzu, indem du sanft darüberbläst, und WUUUU-
USCHH! hast du dein Feuer.

Wenn etwas erst einmal Feuer gefangen hat, verströmt es
seine eigene Hitze und wird dadurch heißer und heißer. Es
wird so heiß, dass es auch andere Dinge neben sich in Brand
stecken kann, bis alles rundherum brennt. Deshalb müssen
wir SEHR VORSICHTIG sein, wenn wir Feuer machen. Wenn
wir wissen, wie wir ein Feuer in Gang kriegen, sollten wir
auch wissen, wie man ein FEUER LÖSCHT. Aber das ist eine
Frage für ein anderes Mal.

Superwissenschaftliche Geheimnisse

1. Das richtige wissenschaftliche Wort für Dinge, die brennen, ist ENTFLAMMBAR.
2. In der Luft gibt es viele verschiedene Gase. Das Gas, das
   wir benötigen, um etwas zu verbrennen, ist ... und jetzt
   kommt das RIESIGE, STRENG GEHEIME SUPERGEHEIM-
   NIS ... Schschschsch ... Sauerstoff.

WARUM GIBT ES VIELE EINZELNE LÄNDER UND NICHT NUR EIN EINZIGES GROSSES?

Dan Snow
Historiker

Auch wenn die Menschen eigentlich alle gleich sind, sind unsere frühen Vorfahren so weit auf der Welt herumgereist – von Tasmanien bis Timbuktu und von Alaska bis Aberdeen –, dass sie sich unterschiedlich entwickelt haben. Das hat im Laufe von Tausenden von Jahren ebenso zu unterschiedlichen Hautfarben und Sprachen geführt wie zu unterschiedlichen Religionen und Lebensweisen.

Vor ein paar tausend Jahren fingen die Menschen an, Länder zu erfinden. So erfanden sie Orte wie China, Japan und Ägypten. Das Problem war allerdings, dass die Menschen in China gar nicht wussten, dass es Menschen in Ägypten gab, denn damals existierten keine Autos, keine Züge, keine Flugzeuge, keine Telefone, kein Internet und noch nicht einmal große Schiffe. Die Menschen hätten also gar nicht die Möglichkeit gehabt, Kontakt miteinander aufzunehmen und zu beschließen, dass es nur ein einziges großes Land geben sollte.

Als die Menschen in ihren Ländern dann irgendwann begriffen, dass da auch noch andere existierten – was erst vor ein paar hundert Jahren der Fall war –, wollten viele Leute gar nicht, dass sich die Länder zusammentun. Die Könige, Königinnen, Herrscher und Anführer aller Länder wollten ihre Macht oder ihre Paläste mit niemandem teilen.

Sie ermutigten ihre Anhänger, sich von anderen Ländern fernzuhalten. Diese Anhänger stimmten für gewöhnlich mit ihrem Herrscher überein. Sie mochten die Leute aus den anderen Ländern nicht, und sie vertrauten ihnen auch nicht, weil sie seltsam sprachen, merkwürdige Speisen aßen und einen anderen Gott verehrten und sogar anders aussahen. Sie wollten ihr eigenes Land behalten, weil sie daran gewöhnt waren. Weil sie es verstanden. Sie wollten keine Verbindung mit einem anderen Land, denn dann würde sich vielleicht alles ändern. Und Veränderungen machen vielen Menschen Angst.

Einige Menschen dachten, es sei dumm, viele kleine Länder zu haben. Sie fanden die Idee sehr viel besser, dass alle Menschen in einem Land lebten, am liebsten in dem, das sie selbst regierten. Sie schickten daher eine Armee los, die das andere Land angreifen und erobern sollte. Aber die Menschen, die erobert worden waren, wollten häufig ihr eigenes Land zurückhaben, weil sie es nicht mochten, dass neue, fremde Leute über sie herrschten, und sie waren wütend, dass sie angegriffen und dass ihre Freunde getötet oder verletzt worden waren.

Heute können wir kreuz und quer durch die Welt reisen, und wir sprechen über das Internet mit anderen Menschen, ganz egal, wo sie sich aufhalten. Wir können in Shanghai das Gleiche essen wie in Sunderland. Schon bald werden Computer in der Lage sein, so schnell von einer Sprache in die andere zu übersetzen, wie wir sprechen können. Wir haben mehr mit den Menschen anderer Ländern gemeinsam als unsere

Vorfahren. Bei den Vereinten Nationen oder in der Europäischen Union stimmen die Länder darin überein, eng zusammenzuarbeiten und Gesetze zu erlassen und Rechte festzuschreiben, die in vielen Ländern gelten. Vielleicht bewegen wir uns langsam darauf zu, in einem einzigen großen globalen Land zu leben.

WAS MACHT MICH ZU MIR?

Eine der knifflichsten Fragen war: »Was macht mich zu mir?«
Wir haben einen Experten für die Entwicklung der Menschheit, einen Psychologieprofessor und einen Kinderbuchautor
nach ihren jeweiligen Ansichten gefragt.

Professor Chris Stringer
Paläoanthropologe

Wenn du Erwachsene dabei beobachtest, wie sie eine besondere Mahlzeit zubereiten, kannst du sehen, dass sie Zutaten wie
Fleisch und Gemüse und Gewürze nehmen und vielleicht ein
Rezept aus einem Kochbuch von Jamie oder Delia oder Nigel-
la befolgen.

Wenn du dir deinen Körper als diese besondere Mahlzeit
vorstellst, bestehen die Zutaten aus all den Chemikalien und
kleinen Zellen, die deinen Körper ausmachen und dafür sorgen, dass alles funktioniert.

Das Rezept, das festgelegt hat, wie alle diese Zutaten in deinem Körper zubereitet werden sollen, wie sie zusammengestellt und auf einzigartige Weise gekocht werden sollen, bezeichnet man als deinen genetischen Code. Das ist so etwas
wie ein winziges, aber sehr langes Buch mit Anweisungen da-

rüber, wie du gemacht wirst. Dieser genetische Code war in dem Ei, mit dem dein Leben im Körper deiner Mutter begonnen hat.

Unsere genetischen Codes (die Rezepte) unterscheiden sich alle ein bisschen voneinander, denn die verwendeten Zutaten und die Anweisungen, wie diese Zutaten zubereitet werden, weichen immer ein bisschen voneinander ab. Und genauso, wie es verschiedene Currys gibt, weil man die Zutaten auf verschiedene Arten kombinieren kann, gibt es auch unterschiedliche Menschen, weil wir alle aus anderen Rezepten bestehen.

Deshalb bist du du. Deshalb hast du deine Figur und deine Größe und deine Hautfarbe, und deshalb gibt es auf der ganzen Welt niemanden wie dich (es sei denn, du hast einen identischen Zwillingsbruder mit einem sehr ähnlichen genetischen Code oder Rezept)!

Professor Gary Marcus
Kognitionswissenschaftler und Autor

Was macht dich zu dir? So gut wie alles, was du dir vorstellen kannst: dein Kopf, deine Arme, deine Zehen, dein Herz und vor allem dein Gehirn.

Wenn du – bei einem ziemlich unglücklichen Unfall – einen Zeh verlieren würdest, wärst du natürlich immer noch du, nur »du mit einem Zeh weniger«. Das Gleiche gilt vermutlich für deinen linken Arm oder deine rechte Kniescheibe, auch wenn ich mir sicher bin, dass du beides vermissen würdest.

Was dein Gehirn betrifft, ist das allerdings etwas anderes. Wenn es einen Teil gibt, der dich am meisten zu dir macht, dann ist es wahrscheinlich dieser: dein Gehirn, die ungefähr drei Pfund schwere »graue Substanz«, die in deinem Schädel ist und dir hilft zu denken, etwas zu erörtern und dich zu erinnern.

Ohne dein Gehirn wüsstest du nicht, wie du morgens aus dem Bett kommen solltest. Du hättest keine einzige Idee. Und du würdest dich nicht erinnern, wer du bist: Du wärst noch nicht einmal in der Lage, die Frage »Was macht mich zu mir?« überhaupt zu stellen.

Was nun alles zu einer *weiteren* Frage führt: Was macht *dein* Gehirn zu deinem Gehirn? Du kannst in ein Geschäft gehen und ein neues Hemd oder ein Paar neue Schuhe kaufen, aber das Gehirn, das du hast, ist das Gehirn, mit dem du geboren wurdest. Selbst dein Herz könnte ausgetauscht werden, aber wenn du dein Gehirn austauschen ließest, wärst du nicht mehr du. Deine gesamte Persönlichkeit könnte sich ändern, wenn du das tätest! Denn es ist dein Gehirn, das dich glücklich oder traurig, nett oder gemein, freundlich oder schüchtern sein lässt.

Schon als du noch im Bauch deiner Mutter warst, begann dein Gehirn damit, zu dem zu werden, was es jetzt ist. Eine Keimschicht, ähnlich einer Schicht aus Haut, hat sich übereinandergefaltet und eine Röhre geformt. Diese Röhre hat dann angefangen, sich aufzublähen, und hat sich schließlich in zwei Halbkugeln geteilt (die als Hemisphären bezeichnet werden). Dann hat dein Gehirn sich weiter in verschiedene Sektionen aufgeteilt, wie den Frontallappen, der dir hilft, Entscheidungen zu treffen, und den Schläfenlappen, der dir hilft, die Dinge zu verstehen, die du hörst.

Ein großer Teil der grundsätzlichen Form deines Gehirns

kommt ursprünglich von deinen Eltern, und zwar über die Gene. Aber seit deiner Geburt liegt es an dir – weil dein Gehirn sich jedes Mal, wenn du etwas Neues lernen möchtest, verändert. Du kannst nicht einfach online ein neues Gehirn bestellen, aber indem du jeden Tag etwas Neues lernst, kannst du das Gehirn, das du bereits hast, immer weiter verbessern.

Da keine zwei Gehirne vollkommen gleich sind, denken oder handeln auch keine zwei Leute auf die gleiche Weise. Mehr als alles andere sonst ist es *dein* Gehirn, das dich zu dir macht.

Michael Rosen
Autor und Dichter

Ich sehe meine Eltern an und sage, was habt ihr mir gegeben? Ich sehe meine Großeltern an, meine Onkel, Tanten, Cousinen und Cousins und sage, was habt ihr mir gegeben? Ich sehe die Schulen und Gruppen an, in denen ich war, und sage, was habt ihr mir gegeben? Ich sehe die Orte an, an denen ich gewesen und geblieben bin, und ich sage, was habt ihr mir gegeben? Ich sehe meine Freunde und die Menschen an, die ich geliebt habe, und sage, was habt ihr mir gegeben? Ich sehe die Theaterstücke an, die ich auf der Bühne erlebt habe, die Bücher, die ich gelesen, die Filme, die ich betrachtet und die Dichtkunst, die ich beigebracht bekommen habe, und sage, was habt ihr mir gegeben? Ich sehe die Nachrichten an und höre, was Menschen über die Nachrichten reden, und sage, was habt ihr mir gegeben?

Ist es das? Habe ich alles gesagt?

Ich glaube nicht. Ich habe jemanden vergessen. Ich habe etwas vergessen.

Mich und meinen Verstand. Denn während mir all diese Dinge gegeben und gegeben und gegeben wurden, habe ich gedacht und geredet und geschrieben. Es ist, als hätte eine Art Fleischwolf, Raspel, Mixer, Kocher all diese Dinge miteinander verquirlt. Auch das macht mich zu mir.

Und selbst das ist noch nicht alles.

Nicht?

Nein, denn ich habe meinen Fleischwolf, meine Raspel, meinen Mixer und meinen Kocher, der diese Dinge miteinander verrührt, nicht gemacht. Es ist mein Verstand, der sie durch den Fleischwolf dreht, raspelt, mixt und kocht. Aber ich habe meinen eigenen Verstand nicht gemacht! Ich habe geholfen, ihn zu machen. Ja. Während all diese Leute und Dinge mir dies und das gegeben haben.

Wir werden von anderen gemacht, während wir uns selbst machen. Wir machen uns selbst, während andere uns machen.

WENN EINE KUH EIN GANZES JAHR LANG NICHT FURZT UND DANN EINEN GROSSEN FURZ LOSLÄSST, FLIEGT SIE DANN BIS IN DEN WELTRAUM?

Mary Roach
Autorin

Es stimmt, dass Kühe eine MENGE Gas produzieren. Hauptsächlich Methan, das durch Bakterien gebildet wird, wenn das Gras im Innern des riesigen, mülleimergroßen Pansens (das ist die Hauptkammer des Kuhmagens) aufgespaltet wird. Aber weißt du was? Pansengas – wie jedes andere Magengas – gibt keine Fürze. Wenn du eine sprudelnde Limo oder Bier trinkst, wird die Kohlensäure ausgerülpst, nicht ausgefurzt. Fürze entstehen sehr viel tiefer in den Eingeweiden, und bei Kühen gibt es in diesem Teil des Körpers verhältnismäßig wenig zu verdauen.

Und soll ich dir noch was sagen? Kühe furzen nicht nur nicht, sie rülpsen auch nicht. Sie sind bei Pyjama-Partys nicht witzig. Kühe und andere Wiederkäuer kennen einen netten Trick, der es ihnen ermöglicht, das Methan einfach auszuatmen. Mein Kuh-Furz-und-Rülps-Experte, der Tierzuchtwis-

273

senschaftler Professor Ed De Peters von der University of California in Davis, hat mir erklärt, wie das geht.

Wenn eine Kuh oder auch eine Antilope sich aufgebläht fühlt und Platz in ihrem Pansen schaffen muss, gibt sie ein wenig Methan ab. Aber statt es direkt vom Magen durch Aufstoßen nach draußen zu befördern – was lärmig wäre und möglicherweise einem Raubtier verraten würde, wo sie sich versteckt –, kann sie die Dinge umschichten und das Gas in die Lunge umleiten, um es dann still und leise auszuatmen. Sehr elegant.

Aber das soll uns jetzt nicht aufhalten. Sammeln wir lieber so viel Methan-Atem, dass es der Menge von einem Jahr entspricht, was im Falle einer Kuh etwa 128 000 Liter bzw. 128 Kubikmeter bzw. 400 Pfund wären. Methan ist übrigens hochgradig entflammbar. Was bedeutet, dass es leicht brennt. Perfekt! Wir lagern alles in einem unter Druck stehenden Tank und benutzen es als Treibstoff für die Rakete, an die unsere furchtlose Weltraumkuh angeschnallt wird.

Um zu sehen, wie hoch sie fliegen würde, habe ich einen richtigen Raketenwissenschaftler zurate gezogen, Ray Arons. Ray hat die Triebwerke der Mondlandefähre getestet – das war dieses spinnenähnliche Raumschiff, das die Astronauten zur Mondoberfläche und wieder zurück brachte, und das, wie er sagt, in einem Diner in Long Island, New York, auf der Rückseite einer Serviette entworfen wurde.

Für unsere Weltraumkuh hat Ray zwecks besserer Stabilität ein zweistrahliges Triebwerk empfohlen (»damit die Kuh nicht kippt«) und einen superleichtgewichtigen, aerodynamischen Hi-Tech-Fluganzug, um den Luftwiderstand zu reduzieren (und bei der Pressekonferenz vorher wirklich megageil

auszusehen). Dann hat er sich mit seinen Raketentechni-
ker-Formeln an die Arbeit gemacht.

Ray hat berechnet, dass 187 Pfund Methan 32 Sekunden
lang einen Schub von 8900 Newton erzeugen könnten. Er hat
geschätzt, dass man damit eine aerodynamische stromlinien-
förmige 1500 Pfund schwere Kuh auf eine Höhe von etwa
4,8 Kilometer katapultieren würde. Der Weltraum beginnt nach
32 Kilometern, und daher lautet die Antwort auf deine Frage
technisch gesehen: »Nein.« Ray war trotzdem beeindruckt.
»Dieses Methangas ist heiß!«

KANN MAN IN EINEM TRAUM ETWAS ERLEBEN, DAS MAN IM RICHTIGEN LEBEN NOCH NICHT ERLEBT HAT?

Jonah Lehrer
Wissenschaftsjournalist

Ganz sicher kannst du in einem Traum etwas erleben, das du im richtigen Leben noch nie so erlebt hast. Tatsächlich ist das einer der wichtigsten Gründe, warum wir überhaupt träumen.

Wenn du einschläfst, wird dein Gehirn zu einem sehr albernen Geschichtenerzähler. Es erfindet alle möglichen seltsamen Dinge und Situationen, wie beispielsweise einen Hund, der in ganzen Sätzen reden kann, oder einen Wasserfall, der plötzlich in einem Wohnzimmer auftaucht. (Beide Träume hatte ich kürzlich.)

Das Gehirn will nicht über das nachdenken, was bereits passiert ist – das wäre langweilig. Stattdessen versucht es, neue Geschichten zu erfinden, sich Gefühle, Leute und Ereignisse auszudenken, die es noch nie zuvor gegeben hat. Auf diese Weise vertreiben wir uns nachts die Zeit.

Warum tun wir das? Warum verbringen wir so viel Zeit damit, seltsame Sachen zu träumen? Niemand weiß es genau, auch wenn viele Wissenschaftler der Ansicht sind, dass das Träumen uns hilft, kreativer zu werden. Manchmal erweisen sich diese komischen nächtlichen Gedanken als sehr nützlich, und wenn wir aufwachen, stellen wir fest, dass in unserem Traum die Antwort enthalten war, nach der wir schon lange gesucht haben. Tatsächlich wurde einer meiner Lieblingssongs – »(I Can't Get No) Satisfaction« von den Rolling Stones – hauptsächlich in einem Traum geschrieben, da der Gitarrist Keith Richards die berühmte Melodie im Schlaf zum ersten Mal gehört hat.

Das heißt, auch wenn unsere Träume lächerlich wirken – warum denke ich über einen sprechenden Hund nach? –, können sie manchmal sehr wichtig sein und uns helfen, selbst schwierigste Probleme zu lösen.

WARUM IST DAS MEER SALZIG?

Mark Kurlansky
Journalist

Schon immer haben sich die Menschen gefragt, warum das Meer salzig ist. Woher kommt das Salz? Kommt es einfach von der Erde unter dem Meer? Und warum ist diese Erde dann so viel salziger als die Erde in einem Flussbett oder auf dem Grund eines Sees?

Der erste Hinweis zur Lösung des Geheimnisses besteht darin, dass der Fluss und das Seewasser sehr wohl salzig sind. Wir bemerken es nur nicht, weil sie längst nicht so salzig wie das Meer sind.

Also ist das Meer schon mal deshalb salzig, weil das ganze leicht salzige Wasser aus den Flüssen der Welt in das Meer fließt und dort sein Salz zurücklässt. Das gesamte Salz der Erdkruste, das im Regenwasser festgehalten wird, konzentriert sich im Meer. Und dann kommt noch das Salz vom Meeresgrund hinzu, das sich dort genauso befindet wie in einem Flussbett, nur dass das Bett des Meeres sehr viel größer ist.

Vielleicht fragst du dich jetzt, wieso das Meer dann nicht immer salziger wird. Das liegt hauptsächlich daran, dass zwar ständig Salz ins Meer fließt, es aber auch einen Zustrom von nichtsalzigem Wasser gibt, beispielsweise Regen, das Wasser aus Flussmündungen und geschmolzenes Eis. Deshalb ist das Meer in der Nähe von Flussmündungen oder in Gebieten, wo Schnee schmilzt, auch immer merklich weniger salzig. Auf der anderen Seite ist Meerwasser an Stellen, die weit von Flussmündungen entfernt sind und an denen die Hitze zu einer stärkeren Verdunstung führt, salzhaltiger, zum Beispiel in der heißen tropischen Zone nördlich und südlich des Äquators. Unternehmen, die Salz herstellen, machen sich diesen Effekt zunutze, indem sie Teiche mit Meerwasser in der Sonne kochen lassen, bis das Wasser verdampft ist.

Es gibt noch andere Dinge, die einige Bereiche der Meere sehr salzig machen. Im späten 20. Jahrhundert haben Wissenschaftler festgestellt, dass an zahlreichen Stellen auf dem Meeresboden Wasser in die Erde sickert und sich erhitzt. Das eingeschlossene Meerwasser verkocht, sodass sein Salzgehalt zunimmt, und dann wird es wieder ins Meer abgegeben. Etwas Ähnliches passiert, wenn Unterwasservulkane ausbrechen. Die Hitze des geschmolzenen Gesteins verkocht das Meerwasser und lässt seinen Salzgehalt steigen.

Auf diesem Planeten fließt Regen in Flüsse, Flüsse fließen in Meere, und Meere verdampfen und bilden die Feuchtigkeit für neuen Regen, der die Flüsse wieder auffüllt, die ihrerseits die Meere wieder auffüllen.

Das Tote Meer – ein See an der Grenze zwischen Israel und Jordanien – ist zehn Mal so salzig wie das Meer, denn es wird bei Temperaturen um die 43 Grad Celsius durch eine sehr intensive Sonne erhitzt, und außerdem kommt über den einzigen Zufluss, den Jordan, nicht genug frisches Wasser nach, um zu verhindern, dass das Seewasser verkocht. Irgendwann wird das Tote Meer ein trockenes Salzbett sein. Die Flüsse und das

Eis und der Regen sorgen dafür, dass die Meere nicht genauso verkochen wie das Tote Meer und ihr Salzgehalt nicht zunimmt.

Die Wissenschaftler scheinen ziemlich sicher zu sein, dass der Salzgehalt der Meere seit aberhundert Millionen Jahren immer mehr oder weniger gleich geblieben ist. Aber inzwischen ist eine neue Diskussion aufgekommen. Wenn der Klimawandel zu einem massiven Schmelzen der Polarkappen führt, wird dies dann nicht auch die Meere weniger salzhaltig machen und ihr Ökosystem verändern? Mehr darüber im nächsten Jahrhundert.

WOFÜR GIBT ES DAS INTERNET?

Clay Shirky
Lehrt an der New York University den Umgang mit dem Internet

Das Internet lässt Computer miteinander sprechen. (Das schließt Handys mit ein, die kleine Computer sind, die man in die Tasche stecken kann.) Alles, was wir im Internet tun, wie Spiele spielen oder Bilder mit anderen Menschen teilen oder mit unseren Freunden sprechen, geschieht auf der Grundlage miteinander verbundener Computer.

Seit es eine gute Möglichkeit gibt, Computer miteinander zu verbinden, können die Menschen alle möglichen Dinge tun. Dies unterscheidet sich von der Art und Weise, wie wir einander bisher angesehen oder zugehört oder uns unterhalten haben. Das Fernsehen war gut dafür, Videos zu zeigen, aber es konnte Menschen nicht miteinander sprechen lassen, und es war damit auch nicht möglich, Videos aus anderen Ländern zu sehen. Altmodische Telefone waren dafür geeignet, dass sich zwei Leute miteinander unterhalten konnten, aber sie waren nutzlos, wenn zehn Menschen ein Spiel miteinander spielen wollten oder wenn es darum ging, Menschen dabei zu helfen, Wörter nachzuschlagen. Das Gute am Internet ist, dass es jedem Computer hilft, all diese Dinge zu tun.

Sogar noch besser am Internet ist, dass die Menschen ständig neue Dinge erfinden, die man damit machen kann. Als ich angefangen habe, das Internet zu benutzen, gab es noch kein Minecraft, kein Club Penguin und kein Facebook. Und es gab auch noch kein YouTube und kein Wikipedia. Selbst das Web hat noch nicht existiert. Alles, was man damals im Internet hatte, waren Worte – keine Bilder und keine Geräusche.

In den letzten 20 Jahren sind all diese Dinge von Leuten erfunden worden, die wollten, dass die Computer neue Dinge tun konnten. Dazu gehört auch das Web selbst. Ein Mann namens Tim Berners-Lee hatte die Idee, Webseiten herzustellen, die miteinander durch Links verbunden waren, und er benutzte das Internet, um diese Idee in die Tat umzusetzen.

In den nächsten 20 Jahren werden noch mehr unglaubliche Dinge erfunden werden, die wir mit dem Internet tun können. Vielleicht fällt dir etwas ein, von dem du möchtest, dass Computer es machen könnten, und du kannst auch etwas für das Internet erfinden.

WIESO IST MICHELANGELO
SO BERÜHMT?

Schwester Wendy Beckett
Kunstexpertin

Es gibt Leute, die sind ein paar Jahre lang berühmt, andere ihr ganzes Leben lang. Manche sind es auch noch nach ihrem Tod und ein paar sehr, sehr wenige sind für immer berühmt. Michelangelo ist einer dieser sehr, sehr wenigen. Er war zu seinen Lebzeiten berühmt, er ist in unserer Zeit berühmt, und er wird auch in der Zeit deiner Urenkel berühmt sein.

Nun, deine Frage lautet: Wieso? Wieso ist er so berühmt? Er ist berühmt und wird immer berühmt bleiben, weil er wunderbare Bilder gemalt hat, allen voran die überwältigenden Geschichten, die er an die Decke einer wichtigen Kirche – der Sixtinischen Kapelle – in Rom anhand von Bildern erzählt hat.

Er hat auch wundervolle Statuen geschaffen. Die bekanntesten sind seine großen und wunderschönen Statuen von David und Moses, zwei Helden aus der Bibel. Sogar noch schöner ist seine Skulptur der Jungfrau Maria, die ihren toten Sohn Jesus in den Armen hält und weint. Dieses Werk wird *Pietà* genannt.

Wenn Menschen diese Arbeiten ansehen, empfinden sie große Ehrfurcht und sind erfüllt von tiefem Staunen. Manchmal treten ihnen Freudentränen in die Augen, weil der Kontakt mit einem so bewegenden Zeichen dessen, was wir Menschen schaffen können, sich so unglaublich anfühlt. Es gibt so viel Schlechtes um uns herum, und hier ist etwas absolut Gutes.

Aber wenn ein kleiner Mensch so etwas Großes ansieht, spürt er dieses Staunen vielleicht nicht. Wirklich zu *sehen*, was Michelangelo getan hat, ist nicht so einfach. Man kann nicht einen Schalter umlegen und es *sehen*. Wir müssen in das hineinwachsen, was wir sehen. Einige große Menschen werden nie in der Lage sein, das zu tun. Ihre Körper sind groß, aber im Innern sind sie immer noch klein. Meistens liegt das daran, dass ihnen niemand etwas über die Kunst erzählt hat – und über das, was sie für uns bedeuten kann.

Du hast Glück, denn allein, wenn du dies liest, beginnst du zu lernen. Du weißt bereits, dass es wertvoll ist, die Werke eines großen Künstlers wie Michelangelo anzusehen und erneut anzusehen und erneut anzusehen, bis du eines Tages »siehst«. Glaube mir, der Tag, an dem du die Sixtinische Kapelle oder die *Pietà* oder den David »siehst«, wird einer der erinnerungswürdigsten Tage deines Lebens sein.

WIE VERLIEBT MAN SICH?

Sich zu verlieben, ist für jeden Menschen anders. Wir baten daher drei Personen, die viel darüber nachgedacht haben, um ihre Antwort: zwei Schriftsteller, die Liebesgeschichten geschrieben haben, und einen Wissenschaftler, der weiß, was in unseren Köpfen vorgeht.

Jeanette Winterson
Autorin

Sich zu verlieben, das ist in etwa so, als würdest du durchs Weltall fallen. Es ist, als würdest du von deinem eigenen persönlichen Planeten wegspringen, um den Planeten von jemand anderem zu besuchen. Und wenn du da bist, sieht alles anders aus: die Blumen, die Tiere, die Farben, die die Leute tragen. Es ist eine große Überraschung, sich zu verlieben, denn du hast gedacht, dass auf deinem eigenen Planeten alles gut wäre, wie es ist, und in gewisser Weise hat das ja auch gestimmt, aber dann hat dir jemand auf der anderen Seite des Weltraums ein Zeichen gegeben, und die einzige Möglichkeit, dort hinzugehen, war, einen großen Sprung zu machen. Und fort bist du, fällst in den Orbit eines anderen Menschen, und nach einer Weile entscheidet ihr, dass ihr eure beiden Planeten zusammenziehen wollt und nennt das dann Heim oder Zuhause. Und du kannst auch deinen Hund mitbringen. Oder deine Katze. Deinen Goldfisch, deinen Hamster, deine Steinesammlung und alle seltsamen Socken. (Die, die du verloren hast, auch die mit den Löchern, sind auf dem neuen Planeten, den du gefunden hast.) Und du kannst auch deine Freunde zu Besuch einladen. Und ihr könnt einander Geschichten vorlesen. Und dieser Sprung, den du machen musstest, um bei jemandem zu sein, ohne den du nicht sein willst, war wirklich groß. Darum geht es.

PS. Du musst mutig sein.

David Nicholls
Autor

Du kannst dich nicht einfach verlieben, nur weil du es willst, genauso wenig, wie du beschließen kannst, größer zu sein oder deinen eigenen Ellenbogen zu küssen. Versuch es mal. Siehst du? Das kann ein Problem sein. Eine Menge gebrochener Herzen, Traurigkeit, Katastrophen, sogar Kriege hätten verhindert werden können, wenn wir in der Lage wären, die Liebe zu kontrollieren.

Julia hätte Romeo ignorieren und lernen können, Paris zu lieben. Heinrich VIII. und Anne Boleyn hätten ein wirklich hübsches Paar abgegeben. In einem meiner Lieblingsbücher, *Am grünen Rand der Welt* von Thomas Hardy, erfährt Gabriel Oak von Bathsheba Everdene, dass sie ihn nicht heiraten kann, weil sie ihn nicht liebt, woraufhin er erwidert: »Aber ich liebe dich. Und was mich betrifft, genügt es mir, gemocht zu werden.« Was im Grunde vernünftig klingt. Aber gemocht zu werden, ist ganz und gar nicht das Gleiche. Letztlich wird es nicht funktionieren. Jeder kann gemocht werden. Der Trick ist, zu lieben und zurückzulieben.

Also, was ist der Unterschied zwischen mögen und lieben? Manchmal stelle ich ihn mir vor wie den Unterschied zwischen einer Erkältung und einer Grippe. Erkältungen sind etwas Übliches, aber eine Grippe ist eine sehr viel ernstere Angelegenheit. Manche Leute glauben, sie haben eine Grippe, obwohl sie in Wirklichkeit nur eine Erkältung haben. Manche Leute wissen, dass sie nur eine Erkältung haben, aber sie übertreiben und tun so, als hätten sie eine Grippe.

Ich zum Beispiel hatte gut 20 Jahre lang ständig Grippe. Alles, worüber ich geredet habe, war Grippe, Grippe, Grippe. Manchmal hatte ich zur gleichen Zeit die gleiche Grippe wie drei oder vier verschiedene Leute. Wenn ich jetzt zurückblicke, denke ich, dass ich wahnsinnig viele Erkältungen hatte.

Du hast vielleicht bei diesem letzten Satz gemerkt, dass der Vergleich eigentlich nicht richtig funktioniert.

Also, du kannst nichts tun, um dich zu verlieben, und du solltest dir auch nicht allzu viele Gedanken darum machen. Manche Dinge geschehen, ob du es willst oder nicht. Deine Haare werden grau werden, deine Zähne werden ausfallen, du wirst dich verlieben (hoffentlich deutlich eher, als dir die Zähne ausfallen). Wenn das passiert, gerate nicht in Panik. Bleibe ruhig. Mach dir keine Sorgen. Hoffe, dass dein Gegenüber das Gleiche empfindet wie du. Wenn das so ist, herzlichen Glückwunsch, du wirst eine wundervolle Zeit haben, so lange es andauert. Aber wenn dein Gegenüber dich nicht zurückliebt, ist das der Punkt, wo der Ärger richtig anfängt. Tut mir leid.

Robin Dunbar
Professor für Evolutionspsychologie

Zu erklären, was passiert, wenn wir uns verlieben, ist wahrscheinlich eins der schwierigsten Dinge im Universum. Es ist etwas, das wir tun, ohne nachzudenken. Und wenn wir zu viel darüber nachdenken, machen wir gewöhnlich alles falsch und geraten in einen schrecklichen Kuddelmuddel.

Das liegt daran, dass die rechte Gehirnhälfte sehr beschäftigt ist, wenn man sich verliebt. Die rechte Hälfte scheint für unsere Gefühle besonders wichtig zu sein. Die Sprache hingegen wird fast vollständig auf der linken Seite des Gehirns gebildet. Und das ist der Grund, warum es uns so schwerfällt, über unsere Gefühle und Emotionen zu sprechen: Die sprachlichen Bereiche auf der linken Seite sind nicht sehr gut darin, Botschaften in die gefühlsmäßigen Gebiete der rechten Seite zu schicken. Wir finden also nicht die richtigen Worte und sind unfähig, unsere Gefühle zu beschreiben.

Aber die Wissenschaft gestattet uns, ein bisschen über das zu sagen, was passiert, wenn wir uns verlieben. Zuerst einmal

288

wissen wir alle, dass Liebe wirklich große Veränderungen in dem bewirkt, wie wir fühlen. Wir fühlen uns schwindlig und sind voller Emotionen. Wir können glücklich sein und zugleich vor Glück weinen. Plötzlich spielen manche Sachen überhaupt keine Rolle mehr, und das Einzige, woran wir noch interessiert sind, ist, der Person nahe zu sein, in die wir uns verliebt haben.

Heutzutage gibt es Tomographen, die uns sehen lassen, wie das Gehirn eines Menschen funktioniert. Abhängig davon, was es gerade tut, leuchten verschiedene Teile des Gehirns auf dem Monitor auf. Wenn Menschen verliebt sind, sind die emotionalen Teile ihres Gehirns sehr aktiv und leuchten stark. Aber andere Teile des Gehirns, die sich dem vernünftigeren Denken widmen, sind sehr viel weniger aktiv als sonst. Also werden die Bereiche, die normalerweise sagen: »Tu das nicht, denn das wäre verrückt!«, ausgeknipst, und diejenigen, die sagen: »Oh, das wäre schön!«, werden angeknipst.

Warum passiert das? Ein Grund dafür ist, dass Liebe bestimmte Chemikalien in unserem Hirn freisetzt. Eine dieser Chemikalien heißt Dopamin, das uns das Gefühl von Aufregung gibt. Eine andere wird Oxytocin genannt und scheint dafür verantwortlich zu sein, dass uns schwindlig wird und wir ein Gefühl wohliger Wärme empfinden, wenn wir mit dem Menschen zusammen sind, den wir lieben. Wenn diese Chemikalien in großen Mengen ausgeschüttet werden, wandern sie zu den Teilen des Gehirns, die darauf besonders reagieren. Das sind die Bereiche, die wir im Tomographen aufleuchten sehen.

Aber all das erklärt nicht, wieso wir uns in einen bestimmten Menschen verlieben. Und das ist ein bisschen ein Geheimnis, da es scheint, als würde es keine guten Gründe für unsere Wahl geben. Tatsächlich scheint es genauso leicht zu sein, sich in jemanden zu verlieben, nachdem man ihn geheiratet hat, wie davor, und das wirkt irgendwie falsch herum. Und dann ist da noch etwas Seltsames. Wenn wir verliebt sind, können wir uns selbst täuschen und denken, der andere Mensch sei perfekt. Natürlich ist niemand wirklich perfekt. Aber je perfekter wir einander finden, desto länger wird die Liebe halten.

WENN MAN MEINEN MAGEN AUSEINANDERROLLEN WÜRDE, WIE LANG WÄRE ER DANN?

Dr. Michael Mosley
Moderator von Wissenschaftssendungen

Du kannst deinen Magen nicht auseinanderrollen – er ist eine Tasche –, aber du kannst deinen Darm auseinanderrollen! Deine Gedärme, die auch als Eingeweide bezeichnet werden, erstrecken sich von deinem Magen bis hinunter zu deinem Gesäß. Das mag nicht so klingen, als wäre es sehr weit, aber die Därme sind bei einem Erwachsenen tatsächlich achteinhalb Meter lang und bei einem Kind ein bisschen kürzer. Wenn du durchsichtige Haut hättest, könntest du erkennen, dass sie nicht in einer geraden Linie daliegen, sondern sich umeinanderschlingen wie eine dünne, aber enorm lange Schlange. Begeben wir uns auf die Reise hinunter ...

Wenn du etwas zu essen in den Mund steckst, machst du dir vermutlich keine Gedanken darüber, dass das erst der Anfang einer langen und komplizierten Reise ist. Das erste Stück, das auch das kürzeste ist, nennt man Speiseröhre. Sie ist etwa 25 Zentimeter lang und wird von extrem starken Muskeln gesäumt, die dein Essen in den Magen drücken. Diese Muskeln sind so stark, dass du auch essen kannst, wenn du einen Kopfstand machst, und das Essen trotzdem weiter in Richtung Magen wandert – allerdings bin ich nicht sicher, ob dir ein solches Experiment Spaß machen würde.

Wenn das Essen deinen Magen erreicht hat, wird es umgerührt und aufgespalten, so ähnlich, als wäre es in einer Waschmaschine. Die Flüssigkeit in deinem Magen ist so säurehaltig wie in einer Autobatterie. Die Säure dient dazu, alle Bakterien zu töten, die du mit dem Essen aufnimmst. Der Magen selbst ist ziemlich klein. Er hat die Größe einer Faust, wenn er leer ist, kann sich aber bis auf die Größe eines mittelgroßen Ballons ausdehnen.

Nachdem dein Essen von deinem Magen aufgespalten wurde, wird es Stück für Stück weiter in den Dünndarm geschoben, wo es nach und nach aufgenommen wird. Der Dünndarm ist etwa sieben Meter lang; im Durchschnitt ist er bei Frauen etwas länger als bei Männern. Die Darmwand ist von kleinen Haaren bedeckt, die Microvilli genannt werden und die Oberfläche des Darms vergrößern, sodass er noch mehr Nahrung aufnehmen kann. Tatsächlich entspricht allein die Oberfläche deines Dünndarms der Größe eines Tennisplatzes.

Wenn dein Essen durch den Dünndarm hindurchgewandert ist, gelangt das, was noch übrig ist, in den Dickdarm. Hier wird das Wasser aufgenommen, und Bakterien machen sich an die Essensreste, die bis jetzt noch nicht ganz aufgespalten wurden. Der Dickdarm ist sehr viel kürzer, er misst etwa anderthalb Meter, und wie der Dünndarm ist er mit einem Geflecht aus Zellen ausgekleidet, die Nervenzellen genannt werden und auch in deinem Gehirn vorkommen. Überraschenderweise gibt es genauso viele Gehirnzellen in deinen Eingeweiden, wie du im Gehirn einer Katze finden würdest. Du brauchst sie, denn wie du sehen kannst, ist das Verdauen von Nahrung ein komplizierter Prozess.

Nachdem deine Därme alles Nützliche von deiner Mahlzeit aufgenommen haben, verlässt alles, was noch übrig ist – wie auch eine Menge Bakterien –, das nächste Mal, wenn du zur Toilette gehst, deinen Körper. Und das ist dann das Ende der langen Speisenreise.

WIESO HABEN WIR EIN ALPHABET?

John Man
Autor von Büchern über das Schreiben

Die erste Schrift hatte kein Alphabet. Ihre Zeichen stellten ganze Wörter dar, wie die Symbole auf deinem Computer. Das kann für eine Weile ziemlich gut funktionieren.

Aber so richtig weit kommst du damit nicht, denn viele Wörter lassen sich nicht in Bildern anzeigen. Du wirst Tausende von Bildern brauchen, weil es Tausende von Silben gibt! Genau das ist mit der Keilschrift passiert, den dreieckigen Symbolen, die vor 10 000 Jahren in Mesopotamien verwendet wurden, und später mit den ägyptischen Hieroglyphen und der chinesischen Schrift. Chinesische Kinder brauchen Jahre, bis sie einigermaßen lesen können. *Du* konntest wahrscheinlich schon lesen, als du vier oder fünf warst. Wie hast du das gemacht?

Die Antwort ist natürlich, dass du das Alphabet gelernt hast. Dieser Name bedeutet ganz schlicht »AB«, die ersten beiden Buchstaben. Und was ist so besonders am Alphabet? Es benutzt nur 26 verschiedene Zeichen statt Tausende (nun, genau genommen sind es 52, weil es Großbuchstaben und Kleinbuchstaben gibt, aber das soll uns jetzt nicht kümmern). Das Alphabet fußt auf der Tatsache, dass alle Wörter, die du sprichst, auf etwa 40 Lauten basieren. Und natürlich ist es viel einfacher, Zeichen für Laute statt für Silben zu erfinden!

Das ist eine großartige Idee, aber es dauerte mehr als 1000 Jahre, bis jemand sie hatte. Es geschah vor etwa 5000 Jahren in Ägypten, wo diejenigen, die schreiben konnten, Hieroglyphen benutzten und mit Bildern und Silben schrieben. Zu dieser Zeit gab es in Ägypten auch zigtausend Sklaven, die in den Gebieten gefangengenommen worden waren, wo sich heutzutage die Staaten Israel, Jordanien, Syrien und Libanon befinden. Diese Fremden, die als Asiaten bezeichnet wurden, waren wahrscheinlich hauptsächlich Hebräer, Menschen, die wir heute Juden nennen würden. Im Laufe der Jahre waren viele von ihnen zu deutlich mehr als Sklaven geworden. Sie waren Beamte, Handwerker und Anführer in ihren eigenen Gemeinden. Sie wollten in ihrer eigenen Sprache schreiben. Natürlich hätten sie es mit Hieroglyphen versuchen können, aber das war sehr schwierig.

Irgendjemand, oder vielleicht auch eine ganze Gruppe, wusste, dass Hieroglyphen ein paar Zeichen hatten, die für das standen, was wir heute Buchstaben nennen würden. Es gab etwa 26 dieser Zeichen. Jedes war ein Bild, aber jedes stand auch für den ersten Laut. Und so nahmen sie einfach das Zeichen und übersetzten das, was es bedeutete.

Ein Zeichen hatte etwas mit einem Ochsen zu tun, also sah es aus wie das hier: ⊁. Auf »Asiatisch« war ein Ochse ein *Alep*, was mit A begann. Also hätte damals ein Lehrer gesagt, »A« steht für »Alep«, so wie heute ein Lehrer sagen könnte, »A« steht für »Apfel«. Im Laufe der Zeit hat sich dieses Ochsen-Zeichen in ein α verwandelt, was dann zu unserem a geworden ist.

Als Nächstes nahmen sie ein Zeichen, das auf Ägyptisch »Obdach« bedeutete, und benutzten es für *Bayit* (»Haus«), und so ging es weiter mit allen 26 Buchstaben. Deshalb haben wir immer noch so etwas wie das *Alep* oder Alpha und das *Bayit* oder Beta als ersten und zweiten Buchstaben.

Woher wissen wir das alles? Irgendjemand hat die Zeichen in einen Fels gemeißelt, und ähnliche Werke in der Nähe verraten uns etwas über das Datum: etwa 1800 v.Chr., also vor etwa 3800 Jahren.

Nachdem das Alphabet erst einmal erfunden war, verbreitete sich die Idee überall, gelangte über Griechenland nach Europa und durch viele andere Alphabete in die ganze Welt. Die Chinesen haben heute zwar immer noch ihre eigene Schrift, aber sie benutzen auch das Alphabet, weil es wirklich so viel einfacher ist.

WARUM STREITE ICH IMMER MIT MEINEM BRUDER UND MEINER SCHWESTER?

Professor Tanya Byron
Klinische Psychologin

Es ist nicht unüblich, dass Geschwister streiten – ich habe mit meiner Schwester auch gestritten, als ich ein Kind war. Wir neigen dazu, mit den Menschen zu streiten, die uns am nächsten stehen. Vielleicht liegt es daran, dass wir wissen, dass sie niemals aufhören werden, uns zu lieben, ganz egal, wie gemein wir zu ihnen sind.

Am gleichen Ort zusammenzuleben und die ganze Zeit zusammen zu sein, kann dazu führen, dass es mehr Meinungsverschiedenheiten darüber gibt, wie wir etwas tun und wie wir Dinge teilen, als es uns mit Freunden passieren würde, die wir nicht so oft sehen. Allerdings ist Streiten kein guter Weg, um mit solchen Meinungsverschiedenheiten umzugehen. Wenn hässliche Dinge gesagt und getan werden, wird das Problem nicht gelöst, sondern alles wird nur noch schlimmer.

Wenn Geschwister streiten, kann das außerdem auch andere Familienmitglieder belasten und bei ihnen für Missstimmung sorgen oder dazu führen, dass die Eltern miteinander streiten, was alle unglücklich macht. Teil einer Familie zu sein, hilft uns zu lernen, Beziehungen mit Menschen zu führen, die wir lieben. Zugleich erlernen wir verschiedene Fähigkeiten, die für das Leben wichtig sind, und dazu gehört auch, mit Wut und Auseinandersetzungen umzugehen.

Du machst vielleicht die Erfahrung, dass deine Eltern wütend sind, weil du mit deinen Geschwistern streitest, und ärgerst dich deshalb über sie, weil sie nicht zu verstehen scheinen, wieso du so aufgebracht bist. Tatsächlich sind deine Eltern vielleicht aufgebracht über die *Art und Weise*, wie du deine Wut ausdrückst, und weniger darüber, dass du wütend bist. Sie bestrafen dich vielleicht, weil sie nicht wollen, dass ihr – du und deine Geschwister – denkt, dass Streiten der richtige Weg ist, Probleme zu lösen.

Beschimpfen und Schlagen sind zerstörerische Wege, wenn es darum geht, Wut auszudrücken. Kleine Kinder zeigen ihre Wut oder Enttäuschung häufig, indem sie schreien oder zuschlagen, weil sie die Worte noch nicht gelernt haben, mit denen sie ausdrücken könnten, wie sie sich fühlen. Wenn Kinder allerdings älter werden, erwarten wir von ihnen, dass sie bei Meinungsverschiedenheiten über das Problem reden, sodass eine Lösung gefunden werden kann, und nicht mit Beschimpfungen oder aggressiven Handlungen reagieren.

Wenn du wütend auf deine Geschwister bist, löse dich aus der Situation, bevor du explodierst. Gib dir etwas Zeit, dich zu beruhigen, und denk dann über das nach, was dich ärgert. Du stellst vielleicht fest, dass das Problem nun, da du dich beruhigt hast, längst nicht mehr so groß wirkt, sodass du es einfach ignorieren kannst und ihr weiter Freunde sein könnt – manche Streits sind es einfach nicht wert, ausgetragen zu werden!

Wenn du allerdings sehr aufgebracht bist oder dich sehr verletzt fühlst, geh zu ihnen und sag es ihnen, und wenn du das nicht kannst oder sie nicht zuhören, bitte einen Elternteil oder einen anderen Erwachsenen, zu dem du Vertrauen hast, dir zu helfen. Als ich älter wurde, habe ich erkannt, dass meine Schwester der wichtigste Freund für mich ist, weil wir zusammen aufgewachsen sind und uns am besten verstehen.

Vergiss nie, Freunde kommen und gehen, aber die Familie ist das ganze Leben lang füreinander da!

WORAUS BESTEHT EIN REGENBOGEN?

Antony Woodward und Rob Penn
Autoren

Ein Regenbogen besteht aus Licht.

Wenn Regentropfen am Himmel von der Sonne angestrahlt werden, fächert sich das weiße Licht in Farbbänder auf – rot, orange, gelb, grün, blau, indigo und violett. Dringt das Licht in die Regentropfen ein, verändert es die Richtung und wird gebrochen. Dann wird es im Tropfen von der rückwärtigen Seite zurückgeworfen und erneut in alle verschiedenen Farben gebrochen, wenn es den Regentropfen verlässt.

Wenn du einen Regenbogen sehen willst, muss es regnen, während die Sonne scheint, und du musst zwischen dem Regen und der Sonne stehen. Es ist unmöglich, zum Ende des Regenbogens zu gelangen, was ein Jammer ist, denn wie wir alle wissen, liegt dort ein Topf voller Gold begraben. Es ist unmöglich, weil unsere Augen zwar einen Regenbogen sehen können, er aber trotzdem in Wirklichkeit nichts weiter ist als Licht, das durch Wassertropfen fällt – er existiert nicht wirklich, er ist nicht materiell. Versuch mal, auf den Regenbogen zuzugehen, wenn du das nächste Mal einen siehst. Er zieht sich nur immer weiter zurück.

Erst vor ungefähr 300 Jahren oder so hat Isaac Newton, ein sehr schlauer Wissenschaftler, den Regenbogen richtig erklärt. Davor hatten die Leute zigtausend Jahre lang die verrücktesten Ideen über Regenbogen. Einige sagten, dass sie Pfade seien, die die Erde mit dem Himmel verbinden würden; andere dachten, ein Regenbogen sei der Gürtel des Sonnengottes, während ein paar wenige glaubten, dass der Regenbogen ein echter Gott sei, der am Himmel erscheinen würde. In einem waren sich allerdings alle Menschen immer einig, nämlich dass Regenbogen wunderschön sind.

Und wie merkst du dir die Farben eines Regenbogens? Rot, orange, gelb, grün, blau, indigo und violett. Versuch es mal hiermit: Roberta organisiert gern Gameturniere bei ihren Verwandten.

WANN HABEN DIE MENSCHEN ANGEFANGEN, REZEPTE ZU BENUTZEN?

Mario Batali
Starkoch

Die Leute haben angefangen, Rezepte zu benutzen, als sie zum ersten Mal bemerkt haben, dass ihnen das Essen von heute besser geschmeckt hat als das von gestern. Bevor die Menschen schreiben konnten, haben sie einander gezeigt, wie man dafür sorgen kann, dass das Essen besser schmeckt. Selbst heute kann man bei all den Kochsendungen im Fernsehen das Kochen lernen, indem man einfach nur zuschaut und wiederholt, was man gerade gesehen hat, ohne das Rezept im Internet zu überprüfen, ohne einen Computer und ohne auch nur Papier und Stift zu benutzen.

Das Braten von Fleisch war wahrscheinlich das allererste Rezept. Vermutlich kam man durch Zufall auf die Idee, Essen zu kochen, als ein Stück Fleisch, das die Menschen normalerweise roh gegessen haben, aus Versehen in ein Feuer fiel, das dazu gedacht war, Wärme und Schutz zu gewähren. Wir sind uns nicht sicher, wann genau das passiert ist, aber Archäologen haben Asche- und Knochenreste gefunden, die etwa eine Million Jahre alt sind. Damals müssen die Menschen erkannt haben, dass das Feuer das Essen irgendwie veränderte, und sie erinnerten sich beim nächsten Mal daran – was so gut wie sicher eine Art Rezept war, zumindest dafür, Fleisch erfolgreich zu braten.

Eine der ersten richtigen Rezeptsammlungen wurde im ersten Jahrhundert v. Chr. im Römischen Imperium von einem Liebhaber guten Essens namens Apicius zusammengestellt. Das Buch hieß *Re Coquinaria*, was frei übersetzt so viel bedeutet wie »Über das Essen und das Kochen«, und es geht darin um all die herrlichen Speisen bei den Festessen im alten Rom.

Das Buch war für die Bediensteten in den Küchen gedacht und so ähnlich aufgebaut wie die Kochbücher, die wir heute haben. Die Gliederung folgte den Hauptzutaten der Speisen und der Reihenfolge, in der sie gegessen wurden. Zu den verrückten Mahlzeiten, die in Mode waren, gehörten schlichte Gerichte wie »Karotten mit Kreuzkümmelsoße« oder »Radieschen mit Pfeffer«, aber auch Gerichte wie »gekochter Schreikranich mit Kräutern und Sardellen-Honig-Sauce«. Natürlich sind viele dieser Speisen aus der Mode gekommen.

Heutzutage gibt es Kochbücher für jede Art zu kochen, die man auf der Welt kennt, für alle möglichen wunderbaren regionalen Küchen, zum Beispiel auch für die Gerichte der Berber im marokkanischen Atlas-Gebirge und sogar für die Pasteten des Rotary-Clubs in Topeka, Kansas.

WIESO SCHEINT DER MOND?

Dr. Heather Couper
Astrophysikerin

Der Mond ist unser Begleiter im Weltraum. Er ist eine eigene erstaunliche Welt, deren Größe ein Viertel der Erde beträgt. Er ist auch sehr nah, nur 384 400 Kilometer von uns entfernt. Vergiss nicht, hier geht es um Astronomie! Eine Raumsonde braucht nur drei Tage, um zu ihm zu gelangen.

Der Mond scheint, weil er das Licht von unserem lokalen Stern, der Sonne, widerspiegelt. Und weil er die Erde im Laufe eines Monats einmal umkreist, werden verschiedene Stellen von ihm angestrahlt, während er seiner Kreisbahn folgt. (Das Wort »Monat« kommt tatsächlich von »Mond«.) Bei »Neumond« kann man ihn gar nicht sehen, weil er direkt in einer Linie mit der Sonne steht und das Sonnenlicht die andere Seite des Mondes anstrahlt. Aber wenn der Mond sich weiterbewegt, treffen die Sonnenstrahlen seinen Rand, und dieser Rand leuchtet dann als Sichel.

Wenn du ein Fernglas oder vielleicht sogar ein kleines Teleskop hast, ist dies die beste Zeit, dir den Mond anzusehen. Die Schatten sind lang und dunkel, und sie betonen die spektakulären Besonderheiten des Mondes. Er ist von riesigen Kratern übersät, die von einem massiven Bombardement durch

Weltraumgestein in der Frühphase des Sonnensystems stammen. Da der Mond kaum eine Atmosphäre hat, die dafür sorgen könnte, dass seine Oberfläche verwittert, bleiben diese Narben in aller Schärfe erhalten.

Vollmond ist, wenn der Mond am hellsten leuchtet und sich gegenüber von der Sonne befindet. Dies ist nicht der Zeitpunkt, um ein Teleskop aufzustellen! Aber du kannst ohne Teleskop einen Blick auf das »Gesicht« des »Mannes im Mond« werfen. Du kannst die »Augen«, die »Nase« und den »Mund« des Mondes sehen. Dies sind die dunklen, lavagefüllten Narben, die von einem Asteroidenhagel stammen, der den Mond vor etwa 3,8 Milliarden Jahren getroffen hat.

Etwa jedes Jahr passiert etwas Dramatisches. Der Orbit des Mondes steht dann in einem Winkel zur Erde, und manchmal – wenn Vollmond ist – kann er in den Schatten der Erde gleiten. Der strahlende Vollmond wird »verfinstert« oder verschwindet. Das ist eine wirklich gespenstische Erfahrung!

Erstaunlicherweise könnte der Mond sehr viel heller an unserem Himmel scheinen, wenn er eine etwas hellere Farbe hätte und das Sonnenlicht stärker reflektieren würde. Die Apollo-Astronauten, die den Mond gegen Ende der 1960er Jahre und in den frühen 1970ern besucht haben, waren überrascht, wie dunkel das Gestein war.

Neil Armstrong, der erste Mann, der einen Fuß auf den Mond gesetzt hat, beschrieb die Farbe des Mondes als »flics«, und wenn du denkst, dass das ein erfundenes Wort ist, hast du recht! Ein Autor, den Neil Armstrong mochte, hat das Wort erfunden, um ein dunkles, schlammiges Braun zu beschreiben, das keinen Namen hatte. Und Neil dachte, »flics« würde perfekt auf den Mond passen.

WOHER KOMMEN DIE OZEANE?

Dr. Gabrielle Walker
Schriftstellerin und Fernsehmoderatorin über die Themen
Klima und Energie

Wenn man vom Weltraum aus die Erde betrachtet, sieht man einen wunderschönen blauen Planeten, und diese blaue Farbe stammt überwiegend von den Ozeanen. Tatsächlich gibt es mehr Ozeane als Land auf der Erde, was unsere Welt zu einer ziemlich wässrigen Welt macht.

Wo kommt all dieses Wasser her? Die Wissenschaftler wissen es nicht genau, aber sie vermuten, dass ein Teil aus dem Inneren des Planeten gekommen sein könnte und ein anderer Teil von außen.

Vor 4500 Millionen Jahren, lange bevor irgendein Planet und sogar bevor die Sonne entstanden ist, haben wir alle in einer wirbelnden Wolke aus Gas und Staub unseren Ursprung gefunden, in der auch Wasser enthalten war. Schließlich begann all dieses kosmische Zeug, in Klumpen aneinanderzukleben. Je größer die Klumpen wurden, desto stärker zogen sie die anderen Klumpen um sie herum zu sich heran, und schließlich endete alles mit einem ganzen Sonnensystem von Planeten – und der Sonne in der Mitte.

Aber es waren immer noch ziemlich große Klumpen übrig

– wie der Schutt, der beim Bauen anfällt –, die jetzt anfingen, wie eine riesige Flippermaschine auf die neugeborenen Planeten einzuprasseln. Dies führte zu so gewaltigen Kratern wie denen, die wir auf dem Mond sehen, und zu einer so starken Erhitzung der Erdoberfläche, dass vermutlich sämtliches Wasser verkocht ist.

Als Nächstes stürzten dann im Laufe der Jahre auch Kometen auf die Erde. Kometen sind riesige schmutzige Schneebälle, die fast vollständig aus Eis bestehen. Als sie auf die Erde prallten, gaben sie ihr Eis ab, woraufhin sich die ersten Ozeane bilden konnten.

Weiteres Wasser wurde dann möglicherweise durch Vulkane aus dem Innern der Erde, wo es im Gestein gefangen war, in die Luft geschleudert. Wenn du dir vorstellst, dass das Millionen Jahre lang so weiterging, hast du, Simsalabim, deine Ozeane.

Übrigens, dass das Wasser etwas hat, worin es herumschwappen kann, ist eine ganz andere Sache. Die Ozeane liegen in gigantischen Becken – wie versenkte Bäder –, die sehr viel tiefer sind als die umgebenden Kontinente. Das liegt daran, dass die Kontinente wie Europa, Asien und Amerika sich tatsächlich sehr langsam über die Oberfläche der Erde bewegen – etwa so schnell, wie deine Fingernägel wachsen.

Wenn zwei Kontinente sich voneinander entfernen, dehnt sich der Raum zwischen ihnen aus, was ihn in ein breites Ozeanbecken wie den Atlantik oder den Pazifik verwandelt, das das ganze Wasser aufnehmen kann. Wenn zwei Kontinente sich aufeinander zubewegen, drücken sie den Raum dazwischen zusammen, bis – in manchen Fällen – kein Ozean mehr übrig ist. Der gewaltige Himalaya entstand, als zwei Kontinente sich mehr und mehr aufeinander zubewegten, den Ozean zwischen ihnen verschluckten und dann gegeneinanderstießen, was den Mount Everest und all die anderen hohen Gebirge dort erschaffen hat.

WARUM HABEN WEINBERGSCHNECKEN EIN HAUS UND NACKTSCHNECKEN NICHT?

Nick Baker
Naturforscher und Fernsehmoderator

Nun, tatsächlich gibt es Nacktschnecken, die ein Haus haben. Zu ihnen gehören einige der räuberischen Schnecken, die wir selten sehen, weil sie den größten Teil ihres Lebens unter der Erde verbringen und Regenwürmer jagen. Ihre Schale ist zu einer winzigen schuppenähnlichen Platte geschrumpft, die aussieht wie ein lächerlicher kleiner Hut! Also ist die Grenze zwischen Nacktschnecken und Weinbergschnecken tatsächlich fließend.

Sowohl Weinbergschnecken als auch Nacktschnecken sind Weichtiere, die zu der Gruppe der Bauchfüßler gehören. Aber

Weinbergschnecken haben eine praktische Kapsel entwickelt, die sie auf ihrem Rücken tragen. Sie bietet ihnen einen gewissen Schutz vor kleineren Räubern, und, was viel wichtiger ist, sie gibt ihnen die Möglichkeit, sich in eine Welt zurückzuziehen, die trockener ist. Die Schale schützt den zarten, feuchten Körper der Schnecke davor, dass Sonne und Wind ihn austrocknen. Sie kann auch mit einer sehr widerstandsfähigen Schleimschicht fest verschlossen werden, die dann eine Art Vordertür bildet, die man als Epiphragma bezeichnet.

Nacktschnecken sind sehr viel mehr von Austrocknung bedroht, da sie kein Haus haben. Dafür können sie sich allerdings an Orte begeben, wo ein Haus ihnen im Weg wäre. Sie können sich in enge Stellen quetschen: in Ritzen und Spalten und sogar in unterirdische Tunnel – eine Weinbergschnecke würde da nicht hineinpassen!

Nacktschnecken und Weinbergschnecken sind ihren eigenen Wegen gefolgt, um unterschiedliche Lösungen für die gleichen Probleme mit Räubern und der Tatsache, dass sie dem Wetter ausgesetzt sind, zu finden. Sie haben unterschiedliche Möglichkeiten zum Überleben gefunden, was Biologen als ökologische Nische bezeichnen.

DIE WITZIGSTEN ANTWORTEN

Warum sollte man vernünftig antworten, wenn man auch witzig sein kann? Die Komiker Sarah Millican, Sandi Toksvig, Rob Webb, Shazia Mirza, Jack Whitehall, Tim Key und Clive Anderson fordern die Experten mit alternativen Antworten auf die Fragen der Kinder heraus.

Shazia Mirza

Wie entstehen Träume?
Auf höchster Stufe in drei Minuten in der Mikrowelle.

Ist es in Ordnung, einen Wurm zu essen?
Ja, solange er in Bio-Öl gebraten wird.

Wieso sind Planeten rund?
Weil sie zu viele Kuchen essen.

Wieso haben Männer Bärte und Frauen nicht?
Weil Männer Bärte brauchen, um Essen für später aufzuheben. Frauen stecken es in die Handtasche.

Essen irgendwo Menschen Eisbären oder Löwen?
Nein. Sie schmecken wie Rosenkohl, nur noch ein bisschen schlimmer.

Wieso können wir nicht ewig leben?
Weil wir in der nächsten Welt gebraucht werden, um aufzuräumen.

Wieso ist Blut rot und nicht blau?
Weil wir mehr Tomatensauce als Blaubeeren essen.

Wieso ist es nachts dunkel?
Damit Gott ein bisschen schlafen kann.

Warum vergeht die Zeit so langsam, wenn man möchte, dass sie schnell vergeht?
Weil die Zeit deine Gedanken lesen kann und es ihr gefällt, dich zu ärgern.

Wieso essen Affen gern Bananen?
Weil das auch ohne Messer und Gabel geht.

Wie erzeugen Bäume die Luft, die wir atmen?
Indem sie furzen.

Wieso scheint der Mond?
Weil er seine Glitzerjacke angezogen hat.

Wieso hören wir Musik?
Damit wir nicht unseren Mamas zuhören müssen.

Wieso sehen die Wissenschaftler Bakterien an?
Weil sie es satt haben, einander anzusehen.

Werden wir jemals in die Vergangenheit reisen können?
Nur wenn Doctor Who sich einverstanden erklärt, uns zu begleiten.

Wieso haben wir ein Alphabet?
Damit wir Buchstabensuppe machen können.

Warum ist die Sonne so heiß?
Weil sie zu viel Chilisauce gegessen hat.

Was ist globale Erwärmung?
Globale Erwärmung ist, wenn alle auf der Welt ihren Lieblingspullover anziehen.

Wieso funkelt der Weltraum so?
Weil er Glitzerzeug zum Frühstück isst.

Wieso können Tiere nicht sprechen?
Weil sie ständig beschäftigt sind.

Wieso sind die Dinosaurier ausgestorben?
Weil es keine Pringles mehr zu essen gab.

Wieso findet meine Katze immer wieder den Weg nach Hause?
Weil sie ein Navi anstelle von Nieren hat.

Wenn das Universum aus dem Nichts gekommen ist, wie konnte es dann zu etwas werden?
Durch harte Arbeit.

Wieso ist Michelangelo so berühmt?
Weil er aus zwei Namen einen gemacht hat.

Wieso leben Pinguine am Südpol und nicht am Nordpol?
Weil es im Süden die besten Hotels gibt.

Woher kommen die Ozeane?
Von einer Überschwemmung in der Toilette der Königin.

Wieso sind manche Menschen größer als andere?
Weil in ihren Schuhen verborgene Leitern stecken.

Wieso ist das Meer salzig?
Wegen all der Fish 'n' Chips.

Wieso ist der Himmel blau?
Weil er ein Junge ist.

Sarah Millican

Ist es in Ordnung, einen Wurm zu essen?
Nur, wenn deine Mama nicht zusieht.

Woher kommt der Wind?
Vom Kohl. Aber ich war's nicht.

Sind wir alle miteinander verwandt?
Versuchst du gerade, ein Weihnachtsgeschenk zu ergattern?

Wieso findet meine Katze immer wieder zurück nach Hause?
Katzennavi.

Wieso schlafen wir nachts?
Warte, bis du zur Uni gehst, dann kannst du auch tagsüber schlafen.

Gibt es Außerirdische?
Ja. Sie tarnen sich als kleine Brüder und Schwestern. Sei also auf der Hut.

Wieso brüllen Löwen?
In Wirklichkeit gähnen sie, was bedeutet, dass du ziemlich langweilig sein musst.

Wieso ist Michelangelo so berühmt?
Er war der einzige Teenage Mutant Ninja Turtle, der wirklich gut malen konnte.

Haben Affen und Hühner irgendetwas gemeinsam?
Ja. Sie schmecken beide lecker mit Pommes.

Wie wurden die Pyramiden in Ägypten erbaut?
Aus Unmengen von Toblerones.

Wofür gibt es das Internet?
Bevor es das Internet gab, musste man sich selbst zum Affen

machen – jetzt erledigen das andere für einen und stellen noch
ein Video davon online.

Sandi Toksvig

Wie werden Träume gemacht?
Mit Eiweiß.

Wieso haben Menschen unterschiedliche Hautfarben?
Um das Farbfernsehen interessanter zu machen.

Woher kommt das »Gute«?
Von einer kleinen Fabrik in Taiwan.

Warum gehen wir zur Toilette?
Um nach dem Essen vom Tisch aufstehen zu können.

Warum sind Planeten rund?
Damit sie nicht so leicht einzuwickeln sind.

Warum ist es nachts dunkel?
Damit die Lampenhersteller einen Daseinszweck haben.

Wie machen Bäume die Luft, die wir atmen?
Sehr leise.

Wieso scheint der Mond?
Weil er einmal im Monat poliert wird.

Warum kochen wir unser Essen?
Damit es nicht ganz so dumm aussieht, eine Küche im Haus
zu haben.

*Was muss man tun, um bei den Olympischen Spielen
teilnehmen zu können?*
Aufhören zu lesen.

Wie entsteht Strom?
Indem man in sehr engen Nylonshorts herumrennt.

Warum brüllen Löwen?
Hat was mit Wutmanagement zu tun.

Wieso ist die Sonne so heiß?
Um den Herstellern von Sonnenmilch einen Daseinszweck zu
verschaffen.

Was ist die Schwerkraft?
Niederdrückend.

Rob Webb

Ist es in Ordnung, einen Wurm zu essen?
Ja, wenn du den Wurm um Erlaubnis fragst und ihn gut kaust.

Wer hatte das erste Haustier?
Der römische Kaiser Julius Caesar. Es war ein Eichhörnchen
namens Bianca.

Warum gibt es Geld?
Früher haben wir Käse genommen, aber das war eine ziemliche Sauerei.

Warum ist es nachts dunkel?
Weil die Sonne sich auflädt.

Warum vergeht die Zeit so langsam, wenn man möchte, dass sie schnell vergeht?
Damit du in Ruhe in der Nase bohren kannst.

Gibt es noch unentdeckte Tiere?
Ja. Nächstes Jahr Weihnachten wird zum Beispiel in Hongkong der Fledifant entdeckt werden, der halb Fledermaus, halb Elefant ist.

Was sind Atome?
Sehr, sehr kleine Erbsen, die aus Wissenschaft bestehen.

Wieso kann ich mich nicht selbst kitzeln?
Weil du dann aussehen würdest, als wärst du verrückt.

Wie funktionieren Autos?
Da sind kleine Schweine im Innern der Räder, die so schnell rennen, wie sie können.

Kann eine Biene eine Biene stechen?
Ja, aber dann muss sie ins Bienengefängnis, wo sie sich als Fliege verkleiden muss, und das hasst sie.

Was ist ein Schluckauf?
Wenn dein Herz furzt.

Wieso scheint der Mond?
Damit Leute Lieder über ihn schreiben.

Woraus besteht ein Regenbogen?
Aus Liebe. Regenbogen entstehen, wenn zwei Wolken sich ineinander verlieben.

Wieso kochen wir unser Essen?
Um zu verhindern, dass sich die Töpfe im Schrank langweilen.

Was befindet sich im Innern der Welt?
Eine große Schwerkraftmaschine, die von Prinz Charles bedient wird, der dabei eine Schutzbrille trägt.

Was muss man tun, um an den Olympischen Spielen teilnehmen zu können?
Jemanden bestechen.

Wer hat die Schokolade erfunden?
König Artus. Seine berühmte Tafelrunde saß tatsächlich um einen gigantischen Schokoladenknopf, an dem die Ritter knabberten, wenn er nicht hinsah.

Werden wir jemals in die Vergangenheit reisen können?
Bis gestern nicht.

Wie würde ich aussehen, wenn ich kein Skelett hätte?
Wie Wackelpudding mit Haaren.

Warum brüllen Löwen?
Sie versuchen eigentlich zu singen, bringen es aber nicht zustande.

Wie bekommt man Feuer zum Brennen?
Indem man wirklich ziemlich fies ist.

Wie funktionieren Blitze?
Wir sehen Blitze, wenn die Außerirdischen ein Feuerwerk veranstalten.

Wieso ist die Sonne so heiß?
Gott hat versucht, ein Schottisches Ei zu machen, und es zu lange in der Mikrowelle gelassen.

Hören die Zahlen irgendwann auf, weiterzugehen?
Nein, aber manchmal bekommen sie ein KitKat, damit sie weitergehen.

Wer hat all den Städten ihre Namen gegeben?
Ameisen. Ameisen haben die Städte vor so langer Zeit benannt, dass sich nicht einmal die älteste Ameise daran erinnern kann. Die erste Stadt wurde Ameisenstadt genannt, aber seither sind sie ein bisschen erfinderischer geworden.

Wieso können Tiere nicht sprechen?
Sie haben in der Schule nicht aufgepasst.

Warum ist Wasser nass?
Damit es beim Waschen nicht so kratzt.

Wieso ist Michelangelo so berühmt geworden?
Er hat seinen eigenen Fanclub gegründet und T-Shirts herstellen lassen.

Wie verliebt man sich?
Stell dich neben jemand anderen und finde heraus, ob dir schwindelig wird.

Woraus bestehe ich?
Hauptsächlich aus Käse.

Wieso sind manche Leute größer als andere?
Die anderen geben sich nur einfach keine Mühe.

Jack Whitehall

Wie entstehen Träume?
Durch die Zahnfee, damit du abgelenkt bist.

Ist es in Ordnung, einen Wurm zu essen?
Wenn du Rotwein dazu trinkst. Weißwein passt nur zu Fisch.

Wer hatte das erste Haustier?
Noah. Er hatte eine ganze Arche voll und ist 900 Jahre alt geworden. Er hat jeden Tag gearbeitet, um genug Geld zu verdienen, damit er all die Tierarztrechnungen bezahlen konnte.

Wieso können wir nicht ewig leben?
Weil es schon schwierig genug ist, einmal einen Haufen guter
Kumpels zu finden.

Clive Anderson

Wie entstehen Träume?
Ich weiß es nicht, ich werde eine Nacht darüber schlafen.

Ist es in Ordnung, einen Wurm zu essen?
Nicht für den Wurm.

Wer hatte das erste Haustier?
Eva. (Eine Schlange. Sie hatte damit nicht sehr viel Erfolg.)

Wieso gehen wir zur Toilette?
Um den Rest des Hauses sauber zu halten.

Wieso wachsen Männern Bärte und nicht Frauen?
Gute Frage, ich werde mir sofort Frauen wachsen lassen.

*Warum vergeht die Zeit so langsam, wenn man möchte, dass
sie schnell vergeht?*
Das tut sie nicht: Sie vergeht schnell, wenn du willst, dass sie
langsam vergeht.

Gibt es noch unentdeckte Tiere?
Ja, ich glaube schon, aber um das zu beweisen, musst du sie
entdecken.

Warum haben die Erwachsenen das Sagen?
Sie waren vor dir da.

Warum haben wir ein Alphabet?
Damit alles so leicht ist wie das ABC.

Wie funktionieren Blitze?
Ruckzuck.

Wer hat als Erster etwas aus Metall hergestellt?
Prinz Eisenherz.

Wieso können Tiere nicht sprechen?
Ich weiß es nicht. Frag sie mal.

Wieso sind manche Menschen größer als andere?
Weil andere kleiner sind als manche.

Tim Key

Sind wir alle miteinander verwandt?
Nein. Chris Evans kann nicht mit Cher verwandt sein. Die
Spice Girls sind nicht miteinander verwandt, sondern nur
Freunde. Forrest Whitaker und Prinz Harry. Und auch eine
Menge Leute in China (Bevölkerungszahl 1,3 Milliarden) sind
nicht miteinander verwandt (oder offensichtlich mit uns).

DIE EXPERTEN

Maggie Aderin-Pocock träumte schon als Kind davon, Raumfahrtwissenschaftlerin zu werden. Ihrer Lehrer fanden, dass sie ein bisschen realistischer sein sollte, aber sie erfüllte sich ihren Traum später trotzdem. Maggie ermutigt Kinder, sich hohe Ziele zu setzen, indem sie in Schulen geht und ihnen von ihrer interessanten Arbeit erzählt.

Jim Al-Khalili ist ein britischer Wissenschaftler, Autor und Fernsehmoderator. Er ist Professor für Physik an der Universität in Surrey und hilft gern anderen Menschen dabei, die Wissenschaften zu verstehen.

Benedict Allen ist sechs Mal dem Tod nur knapp entgangen und hat in einigen der entferntesten Winkeln der Erde gelebt und gefilmt. In *Mad White Giant* (dt.: *Amazonas*) hat er über seine Dschungelabenteuer im Amazonasgebiet geschrieben und in *Into the Crocodile's Nest* über Rituale auf Neu-Guinea. Darüber hinaus hat er über viele andere seltsame Reiseerfahrungen berichtet.

David Attenborough ist Englands bekanntester naturkundlicher Filmemacher und Umweltschützer. Seine Karriere als Naturforscher und Fernsehmoderator umfasst nahezu fünf Jahrzehnte, und es gibt nur wenige Orte auf der Erde, die er noch nicht gesehen hat.

Julian Baggini ist der Autor mehrerer Bücher, von denen das letzte *The Ego Trick* heißt. Er ist Lektor und Mitbegründer von *The Philosophers' Magazine* und hat für zahlreiche Zeitungen und Magazine geschrieben. Julian hat auch einen Auftritt als Figur in zwei Romanen von Alexander McCall Smith.

Nick Baker hat als Junge Marmeladengläser mit Spinnen, Marienkäfern, Fröschen und Kröten gesammelt. Heute ist er der »Käfermann«, der Sendungen über die reichlich verkannte Welt der Kribbel-Krabbel-Tiere macht. Er ist der Autor von *The Bug Book* und *Bug Zoo (Mein Krabbeltier-Zoo)* für Kinder, die ebenfalls Insekten lieben.

Schwester Wendy Beckett tauchte vor etwa 20 Jahren zum ersten Mal als Kunstexpertin im Fernsehen auf. Die Zuschauer liebten sie für ihre Begeisterung, und schon bald moderierte sie bedeutende Kunstserien und schrieb Bücher. Sie wurde mit 16 Jahren Nonne und studierte in Oxford. Sie lebt in ruhiger Kontemplation auf dem Gelände eines Karmeliter-Klosters.

David Bellamy ist Botaniker, Schriftsteller und Fernsehmoderator, der mit seinen Natursendungen in den 1970ern und 1980ern in England zu einem überaus beliebten Fernsehstar wurde. Er veröffentlichte 34 Bücher, darunter viele Kinderbücher, und gründete die Conservation Foundation, bei der er immer noch eine leitende Funktion innehat.

Vanessa Berlowitz macht seit mehr als 20 Jahren für die BBC Filme über die Tierwelt, darunter *Frozen Planet* (dt.: *Auf dünnem Eis*), *The Life of Mammals* und *Land of the Tiger*. Sie hatte das Glück, erstaunliche Dinge filmen zu können, angefangen von winzigen Spinnen, die mit einer James-Bond-ähnlichen Intelligenz jagen, bis hin zu Schneeleoparden in den Bergen von Pakistan.

Heston Blumenthal ist der Starkoch, der Schneckenporridge und das Eis Bacon-and-Egg erfunden hat. Er hat sich das Kochen selbst beigebracht und liebt es, mit ungewöhnlichen Geschmacksrichtungen und Techniken zu experimentieren. Er ist ein bisschen wie Willy Wonka.

Liz Bonnin ist Biochemikerin und Wildtierbiologin. Sie ist häufig im Fernsehen zu sehen, wo sie *Bang Goes the Theory* moderiert, und hat kürzlich *Super Smart Animals* bei BBC 1 präsentiert. Liz liebt große Katzen und hilft dabei, Schneeleoparden vor dem Aussterben zu bewahren.

Alain de Botton schreibt Bücher über Philosophie, Religion, Kunst und Reisen. Er hat einen seltsamen Namen, weil er in der Schweiz geboren wurde, aber er spricht mittlerweile sehr gut Englisch. Er ist verrückt nach Lego und verbringt all seine freie Zeit auf dem Fußboden, wo er mit seinen beiden sieben und fünf Jahre alten Söhnen Samuel und Saul alles Mögliche baut.

Derren Brown ist ein Künstler, der bei seinen Auftritten Magie und Psychologie miteinander verbindet, um den Anschein zu erwecken, er könne menschliches Verhalten voraussagen und beeinflussen oder durch Gedankenlesen unglaubliche Dinge zustande bringen. Außerdem schreibt er Bücher, malt Porträts und mag Papageien.

Dr. Bunhead (alias Tom Pringle) inszeniert überall auf der Welt und in Fernsehsendungen spektakuläre Live-Vorführungen aus allen Bereichen der Wissenschaft. Er gibt außerdem Kurse für Lehrer, wie man die Wissenschaften sowohl spannender als auch verständlicher machen kann.

Tanya Byron ist klinische Psychologin, was bedeutet, dass sie hilft, Leute mit psychischen Problemen und Verhaltensproblemen zu behandeln. Sie erscheint regelmäßig im Fernsehen und Radio und schreibt viele Kolumnen und Bücher.

Mark Carwardine ist Zoologe und bekennender Naturschützer. Er ist außerdem der Autor von mehr als 50 Büchern, fotografiert Tiere und schreibt Kolumnen für Magazine. Darüber hinaus moderierte er auf BBC 2 *Last Chance to See* mit Stephen Fry und *The Museum of Life*, eine Serie über das Natural History Museum in London.

Noam Chomsky ist Linguist und Philosoph am Massachusetts Institute of Technology in der USA.

Marcus Chown schreibt Bücher für Erwachsene über Dinge wie Schwarze Löcher und den Urknall, und sehr alberne Kinderbücher wie *Felicitas Frobisher and the Three-Headed Aldebaran Dust Devil*.

Jarvis Cocker war 24 Jahre lang Frontmann der Band Pulp, wurde zu einer von Englands meistgeliebten Personen und brachte einen seltenen, gelehrten Witz in die Pop-Charts. Jetzt ist er Solo-Künstler, schreibt Songs, tritt live auf und macht Radiosendungen.

Heather Couper ist Fernsehmoderatorin und schreibt über Astronomie, Raumfahrt und Naturwissenschaften. Sie leitete fünf Jahre lang das Greenwich-Planetarium und hat 30 Bücher geschrieben. Ihr zu Ehren wurde ein Asteroid, Nummer 3922, »Heather« genannt.

Alex Crawford wurde vom Geheimdienst verhört, von der US-Army gerettet und ist live im Fernsehen angeschossen worden. Sie ist eine Sonderkorrespondentin für Sky News und Autorin von *Colonel Gadaffi's Hat*, worin sie über den Krieg in Libyen berichtet. Alex lebt mit ihrem Ehemann Richard, einem Sohn und drei Töchtern in Johannesburg.

David Crystal ist dank seines großen weißen Barts als eine Mischung aus Gandalf und Dumbledore beschrieben worden. Tatsächlich ist er ein Professor, der Bücher schreibt und Vorträge über die Sprachen der Welt hält.

Richard Dawkins ist ein Evolutionsbiologe, der sich dafür einsetzt, dass in Büchern die Evolution gelehrt wird. Zu seinen vielen Büchern zählen *The God Delusion* (dt. *Der Gotteswahn*) und *The Magic of Reality* (dt. *Der Zauber der Wirklichkeit*), ein naturwissenschaftliches Buch für junge Leute, in dem die Wunder des Universums verständlich erklärt werden.

Robin Dunbar leitet eine Gruppe von Forschern, die die Evolution des Verhaltens bei verschiedenen Affenarten und Menschen untersuchen.

David Eagleman ist Neurowissenschaftler und Autor. In seinem *Laboratory* werden die Zeit, die Sinne und das Rechtssystem untersucht.

Tracey Emin wurde in den 1990ern als »junge britische Künstlerin« berühmt. Ein großer Teil ihrer Arbeit handelt von ihrem eigenen Leben. Sie zeichnet und malt, kann aber auch gut Kilts nähen und macht aus Zelten, Betten, Kleidung und vielen anderen Dingen Kunst.

Jessica Ennis zählt zu Englands Topsportlern. Sie hat sich auf Hürdenlauf und jene Wettkämpfe spezialisiert, bei denen man in mehreren Disziplinen gut sein muss. Sie ist derzeitige Europameisterin und frühere Weltmeisterin im Siebenkampf. (Der Siebenkampf beinhaltet u. a. Hochsprung, Weitsprung, Kugelstoßen und Speerwerfen.)

Mark Forsyth ist Autor und Journalist und bloggt als The Inky Fool. Der Blog führte zu seinem sonderbaren Buch *The Etymologicon*, in dem die verborgenen Verbindungen zwischen den Wörtern erforscht werden.

Richard Forteys Lieblingsfossilien sind Trilobiten, und er hat Jahre damit verbracht, zu verstehen, wie diese wunderbaren, aber ausgestorbenen Meerestiere vor Millionen von Jahren gelebt haben. Er hat sieben Bücher geschrieben: Eines davon,

Survivors, wurde für das Fernsehen verfilmt. Er ist auch verrückt nach Pilzen und sammelt viele verschiedene und exotische Sorten in den Bergen um seine Heimat in Henley on Thames.

Russell Foster studiert Neurowissenschaften und beschäftigt sich mit den Auswirkungen von Nacht und Tag auf Menschen und andere Tiere. Russell weiß alles über deine innere Uhr: Zum Beispiel, warum du so mürrisch bist, wenn deine Zeit zum Schlafengehen vorüber ist, und warum Teenager so spät aufstehen.

Alys Fowler liebt Gartenarbeit, und das tut auch ihr Hund Isobel. (Auch wenn Isobel manchmal Löcher an den falschen Stellen gräbt und Alys Hundeknochen im Kohlbeet findet.) Sie weiß alles über Gartenbau, tritt in Sendungen über Gärten auf und schreibt Bücher und Kolumnen.

Anthony Grayling ist Master des New College of the Humanities in London. Er hat mehr als 20 Bücher über Philosophie und andere Themen geschrieben und herausgegeben. Anthony ist mit 14 von der Schule abgegangen, aus Protest dagegen, dass er zu viel mit dem Stock geschlagen wurde, und er ist sehr froh, dass der Stock nicht mehr eingesetzt wird.

Lucie Green erforscht die Atmosphäre der Sonne, jenes Sterns, der uns am nächsten ist. Sie schreibt über das, was sie herausfindet, tritt im Fernsehen auf und besucht hin und wieder Schulen, um mit Kindern zu sprechen, die sich ebenfalls für den Weltraum interessieren.

Susan Greenfield ist Naturwissenschaftlerin und weiß alles darüber, wie das Gehirn funktioniert. Sie ist besonders daran interessiert, was im Gehirn vor sich geht, wenn man viel Zeit damit verbringt, Computerspiele zu spielen und Twitter und Facebook zu benutzen.

Philippa Gregory war bereits als Historikerin bekannt, als sie *The Other Boleyn Girl* (dt. *Die Geliebte des Königs*), ihren ersten Roman schrieb, der dann verfilmt wurde. Sechs Romane später wirft sie einen Blick auf die Familie, die den Tudors vorausging: die großartigen Plantagenets. Ihre Wohltätigkeitsorganisation Gardens for The Gambia sammelt Gelder, um es zu ermöglichen, dass für Grundschulen in Afrika Brunnen gebaut werden.

John Gribbin wurde in Cambridge zum Astrophysiker ausgebildet, bevor er Autor wurde. Er hat unzählige Sachbücher geschrieben, darunter auch *Time Travel for Beginners* und *In Search of Schrödinger's Cat (Auf der Suche nach Schrödingers Katze)*, sowie Science Fiction. John schreibt auch Songs für die Band *Three Bonzos and a Piano*.

Bear Grylls hat für seine Fernseh-Dokumentarfilm-Reihen *Man vs. Wild* (dt. *Ausgesetzt in der Wildnis*) und *Born Survivor* Maden gegessen und in einem Tierkadaver geschlafen. Er wurde schon als Junge in den Kampfkünsten ausgebildet und ging zunächst zum Special Air Service, einer Spezialeinheit der britischen Armee. Im Alter von nur 23 Jahren bestieg er den Mount Everest. Bear hat viele Expeditionen aus Wohltätigkeitsgründen an weit entfernte Orte geführt – von der

Antarktis bis zur Arktis –, und ist Chief Scout in Großbritannien.

Celia Haddon ist die Autorin von *Cats Behaving Badly* und *One Hundred Ways for a Cat to Train Its Human*. Sie schrieb vor kurzem die Biographie ihres Schoßtiers *Tilly, the Ugliest Cat in the Shelter*.

Claudia Hammond ist Rundfunkmoderatorin, Autorin und Psychologiedozentin. Sie hat zwei Bücher geschrieben: *Time Warped* und *Emotional Rollercoaster* – eine Reise durch die Wissenschaft der Gefühle. Claudia Hammond moderiert *All in the Mind* und *Mind Changers* auf BBC Radio 4 und *Health Check* auf BBC World Service.

Joanne Harris war Französischlehrerin, schreibt aber jetzt Romane, darunter *Chocolat* (dt. *Schokolade*) und *The Lollipop Shoes* (dt. *Himmlische Wunder*). Sie hat auch zwei Kochbücher veröffentlicht. Joanne liebt Schnorcheln, Chili und Italowestern, hasst aber das Tanzen.

Miranda Hart ist Comedy-Autorin und -Schauspielerin, die mit ihrer Sitcom *Miranda* in die Reihen von Englands beliebtesten Komikern aufgestiegen ist. Sie wollte schon immer Komikerin werden, aber sie gibt auch ihren anderen Traum nicht auf, das Tennisturnier in Wimbledon zu gewinnen.

Adam Hart-Davis ist Schriftsteller und Fernsehmoderator. Zu seinen früheren Sendungen zählen *Local Heroes*, *Tomorrow's World*, *What the Romans (and others) Did fo Us* und *How*

London was Built. Er hat einige Bücher gelesen und etwa 30 geschrieben. Er arbeitet gern mit Holz und verbringt viel Zeit damit, Stühle, Eierbecher und Löffel herzustellen.

Roger Highfield ist Leiter für Außerbetriebliche Angelegenheiten beim National Museum of Science and Industry in London; davor war er Herausgeber des New-Scientist-Magazins. Er ist auch bekannt als erster Mensch, der ein Neutron von einer Seifenblase abprallen ließ.

Harry Hill hat früher einmal als Arzt gearbeitet, was aber schon lange her ist. Er hatte schon viele Fernsehshows und verdient sich seinen Lebensunterhalt mit dem Erzählen von Witzen. Seine Hobbys sind Malen und Zeichnen und hin und wieder eine Partie Swingball zu spielen.

Richard Holloway ging im Alter von gerade mal 14 Jahren auf ein Internat, um sich zum Priester ausbilden zu lassen. Er verfolgte diesen Weg weiter, bis er Bischof von Edinburgh wurde. Jetzt macht er Fernseh- und Radiosendungen und schreibt Bücher. Kürzlich erschien seine eigene Lebensgeschichte, *Leaving Alexandria*.

Kelly Holmes begann mit zwölf Jahren, ermutigt durch ihren Sportlehrer in der Schule, zu laufen. Sie fing an, von Olympischen Siegen zu träumen, und gewann schließlich bei den Olympischen Spielen 2004 zwei Goldmedaillen, eine im 800-Meter-Lauf und eine im 1500-Meter-Lauf. Mithilfe des *Dame Kelly Holmes Legacy Trust* ermutigt sie junge Leute, ihr ganzes Potenzial im Sport oder im Leben zu entfalten.

John R. »Jack« Horner ist Kurator der Paläontologie des Museums of the Rockies in den USA. Er hat die ersten Dinosaurier-Embryos entdeckt, und zwei Dinosaurierarten wurden nach ihm benannt. Jack war wissenschaftlicher Berater von Steven Spielberg bei allen *Jurassic-Park*-Filmen und bei der Fox-Serie *Terra Nova*. Sein Hund heißt Dawg.

Bettany Hughes ist eine Historikerin, die von sehr alten Zivilisationen fasziniert ist, ganz besonders vom antiken Griechenland. Sie hat Bücher über *Helen of Troy* und den großen Denker Sokrates geschrieben *(The Hemlock Cup)*. In ihrer jüngsten BBC-Fernsehserie, *Divine Women*, geht es um erstaunliche Göttinnen und Kriegerherrscherinnen.

Kate Humble ist Moderatorin von Natur- und Wissenschaftssendungen im Fernsehen. Sie hat im Alter von fünf Jahren Reiten gelernt und den größten Teil ihrer Kindheit damit verbracht, Pferdeställe auszumisten. Wenn sie nicht Löwen in Afrika oder Lämmer in Wales filmt, gibt sie auf ihrem Hof zusammen mit ihrem Mann Kurse, in denen sie anderen Menschen den Umgang mit der Natur näherbringt.

Simon Ings schreibt Sachbücher und Romane. Außerdem ist er Herausgeber von *Arc*, einem Magazin über die Zukunft von den Machern des *New Scientist*. Eines seiner Bücher, *The Eye: A Natural History* (dt. *Das Auge*), handelt von der Chemie, Physik und Biologie des Auges.

Karen James ist Biologin am Mount Desert Island Biological Laboratory in Bar Harbor in Maine in den USA. Sie ist Mitbegründerin und Leiterin des HMS-Beagle-Projekts, dessen Ziel darin besteht, das Schiff, das Charles Darwin im Jahr 1830 um die Welt getragen hat, wieder aufzubauen und zu segeln.

Oliver James ist der Sohn zweier Psychologen und wurde selbst auch einer. Er produziert und präsentiert Fernsehsendungen und schreibt Artikel und Bücher, darunter *Affluenza* und *Britain on the Couch*. Als Kind war er ziemlich frech und in der Schule schrecklich schlecht, dennoch schaffte er es auf die Universität, wo er anfing, hart zu arbeiten.

Sarah Jarvis ist eine Ärztin, die auf BBC Radio 2 und in *The One Show* regelmäßig medizinische Ratschläge gibt. Außerdem schreibt sie Kolumnen für Zeitungen und Zeitschriften. Ihr Spezialgebiet ist die Gesundheit von Frauen.

Christian Jessen ist Arzt und charismatischer Moderator von Gesundheitssendungen wie *Embarrassing Bodies, Supersize v. Superskinny* und *The Ugly Face of Beauty*.

Annabel Karmel ist Expertin für Baby- und Kinderernährung und hat selbst drei Kinder. Sie hat vor 21 Jahren das beliebte Buch *Complete Baby & Toddler Meal Planner* (dt. *Kochen für Babys und Kleinkinder*) geschrieben und seither 25 weitere Bücher veröffentlicht. Außerdem präsentiert sie *Annabel's Kitchen* im Fernsehen.

Lawrence M. Krauss ist theoretischer Physiker und Kosmologe und beschäftigt sich mit den großen Fragen über das Universum. Er schreibt Bücher und lehrt an der Arizona State

University und der School of Earth and Space Exploration. Ursprünglich aus Kanada stammend, widmet er sich gern dem Fliegenfischen und liebt Mountainbike-Touren.

Mark Kurlansky ist Autor von 25 Büchern, sowohl Sachbüchern als auch Romanen. Seine bekanntesten sind *Cod* (dt. *Kabeljau: der Fisch, der die Welt veränderte*) und *Salt* (dt. *Salz: der Stoff, der die Welt veränderte*) sowie ihre Versionen für Kinder, *The Cod's Tale* und *The Story of Salt*. Seine Tochter Talia liest alles, was er schreibt, und versucht, dafür zu sorgen, dass es nicht zu langweilig wird.

Jonah Lehrer schreibt über Wissenschaften, meistens über das Gehirn. Er isst am liebsten Spaghetti mit Tomatensauce und hat einen Papagei, der ihm beim Schreiben meistens auf der Schulter sitzt.

Steve Leonard ist als Fernseh-Tierarzt in *Vet School* bekannt geworden und hat danach Natursendungen wie *Steve Leonard's Extreme Animals, Animal Kingdom* und *Safari Vet School* präsentiert. Er kann es immer noch nicht fassen, dass er das Glück hatte, so nah an so erstaunliche Tiere herangekommen zu sein.

Martyn Lyons ist vor mehr als 30 Jahren von England nach Sydney gezogen; er lehrt an der University of New South Wales und schreibt Bücher über Geschichte. In Sydney fällt Weihnachten in die heißeste Zeit des Jahres. Seine schönste Kindheitserinnerung an Weihnachten ist, Santa (den Weihnachtsmann) in einem Surfboat am Strand ankommen zu sehen.

Sally Magnusson ist Journalistin und arbeitet in Schottland als Nachrichtensprecherin. Da die Nachrichten sehr ernst werden können, schreibt sie auch faszinierende Bücher wie *The Life of Pee: The Story of How Urine Got Everywhere*. Ihr erstes Kinderbuch heißt *Horace the Haggis* und wurde von ihrem Ehemann illustriert, ihre Kinder haben ihr beim Schreiben geholfen.

John Man ist Autor und hat zwei Leidenschaften. Die eine gilt der Geschichte des Schreibens und der Buchherstellung. Die andere bezieht sich auf die Mongolei. Warum die Mongolei? Als er jung war, wollte er irgendwo anders hingehen, ganz, ganz weit weg, und die Mongolei war so weit weg, dass er nicht einmal wusste, wo sie lag.

Joanne Manaster liebt es, jungen Leuten etwas über die Wunder der Wissenschaften mitzuteilen. Sie ist Biologin, war einmal Model und lehrt jetzt an der University of Illinois. Gleichzeitig schreibt sie für den *Scientific American* und bloggt und vloggt – damit ist Videobloggen gemeint.

Gary Marcus ist Professor für Psychologie und Leiter des NYU Center for Language and Music. Er hat mehrere Bücher über den Ursprung und die Entwicklung von Geist und Gehirn geschrieben: *The Birth of the Mind* (dt. *Der Ursprung des Geistes*), *Kluge* (dt. *Murks*) und *Guitar Zero*, das als »Jimi Hendrix trifft Oliver Sacks« beschrieben wird.

George McGavin ist schon sein ganzes Leben lang von der Natur fasziniert, besonders von Käfern. Als führender Entomologe (Insektenkundler) und Zoologe hat er zahlreiche Bücher geschrieben und arbeitet an der Herstellung und Präsentation von Sendungen für Discovery und die BBC mit. Einige Insektenarten sind nach George benannt, und er hofft, dass sie ihn überleben.

Colin Montgomerie, Profigolfer, ist einer der liebenswertesten Sportstars seiner Generation. »Monty« holte sich bisher 41 Turniersiege überall auf der Welt. Er hat acht Mal als Spieler am Ryder Cup teilgenommen, dem wichtigsten Mannschaftsturnier im Golfsport, und war Kapitän des im Jahre 2010 siegreichen Europäischen Ryder Cup Teams.

Michael Mosley hat verschiedene Dokumentarsendungen über den menschlichen Körper und die Medizin gemacht. Er wurde als Arzt ausgebildet, widmete sich dann aber der Produktion und Präsentation von Wissenschaftssendungen für die BBC. Zu den jüngsten zählten u. a. *Inside the Human Body* und *Frontline Medicine*, worin es um die Arbeit von Armeeärzten in Afghanistan geht.

Steve Mould hat einen Abschluss in Physik in Oxford gemacht und ist in *Blue Peter* als naturwissenschaftlicher Experte zu sehen. Er leitet das *Festival of the Spoken Nerd*, eine Nacht der Wissenschaft und Comedy, die 2012 nach West End verlegt wurde, und bringt mit *Guerrilla Science* die Wissenschaft zu Musikfestivals wie dem in Glastonbury.

David Nicholls ist Schriftsteller und hat sowohl Romane wie auch Drehbücher für Filme und das Fernsehen geschrieben.

Sein bekannter erster Roman war *Starter for Ten* (dt. *Keine weiteren Fragen*), und die Liebesgeschichte *One Day* (dt. *Zwei an einem Tag*) wurde von Millionen Menschen weltweit gelesen. Beide Romane sind nach Drehbüchern, die David selbst verfasst hat, verfilmt worden.

Neil Oliver ist Archäologe und Historiker. Als Moderator der BBC-Dokumentarserie *Coast* und anderer Sendungen ist er mittlerweile ein vertrautes Gesicht geworden, und sein jüngstes Buch heißt *A History of Ancient Britain*. Neil ist besonders glücklich, wenn er Löcher graben oder Indiana-Jones-Filme sehen kann.

Lorraine Pascale wurde im Alter von 16 Jahren als Model entdeckt und wurde das erste britische dunkelhäutige Model, das es auf das Cover des amerikanischen Magazins *Elle* schaffte. Obwohl sie eine tolle Zeit als Model hatte, wechselte sie den Beruf, um ihre Leidenschaft fürs Kochen ausleben zu können. Lorraine ist jetzt bestens bekannt durch Fernsehserien und ihre Kochbücher *Baking Made Easy* und *Home Cooking Made Easy*.

Nicholas Patrick, ein in England geborener NASA-Astronaut, ist bei zwei Shuttle-Missionen mitgeflogen und hat drei Weltraumspaziergänge von der Internationalen Raumstation ISS aus unternommen. Wie ist er an diesen tollen Job gekommen? Nicholas hat in Cambridge und am Massachusetts Institute of Technology Ingenieurswesen und Maschinenbau studiert und an der Entwicklung von Düsentriebwerken und der Gestaltung von Flugzeug-Cockpits mitgewirkt.

Rob Penn hat den größten Teil seines Lebens als Erwachsener mit Fahrradfahren verbracht. In seinen Zwanzigern hat er seinen Arbeitsplatz aufgegeben und ist um die Welt geradelt. Rob ist Journalist, Fernsehmoderator und Autor. In *The Wrong Kind of Snow* hat er über das Wetter geschrieben. Sein letztes Buch heißt *It's All About the Bike: The Pursuit of Happiness on Two Wheels* (dt. *Vom Glück auf zwei Rädern*).

Robert Peston beschäftigt sich als Buchautor und im Fernsehen mit der Frage, wie Menschen, Unternehmen und Staaten Geld verdienen und warum manche reicher und andere ärmer werden.

Justin Pollard ist ein Historiker, der den größten Teil seiner Zeit mit dem Schreiben von Büchern, Artikeln und Beiträgen fürs Fernsehen wie z. B. für die Spielshow *QI* verbringt. Er war Berater bei Kinofilmen von *The Boy in the Striped Pyjamas* (dt. *Der Junge im gestreiften Pyjama*) bis zu *Pirates of the Caribbean: On Stranger Tides* (dt. *Fluch der Karibik 4*) und hat außerdem neun Bücher geschrieben, von denen eines eine explodierende Toilette enthält.

Christopher Potter ist der Autor von *You Are here, A Portable History of the Universe* – über das Leben des Universums, von Quarks bis zu Galaxien-Superclustern und vom Schleim bis zum Homo sapiens.

Gavin Pretor-Pinney gründete die *Cloud Appreciation Society* und ist Autor von *The Cloudspotter's Guide* (dt. *Wolkengucken*), *The Cloud Collector's Handbook* und *The Wave-*

watcher's Companion (dt. *Kleine Wellenkunde für Dilettanten*). Als er jung war, hat er es genossen, Fragen zu stellen. Jetzt genießt er es, sie zu beantworten.

Philip Pullman ist der Autor der Trilogie *His Dark Materials* (dt. *Der Goldene Kompass, Das Magische Messer* und *Das Bernstein-Teleskop*) und vieler anderer Romane. Als Philip acht war, entdeckte er die Wunderwelt der Comics, und bis heute üben Comics einen großen Einfluss auf sein Schreiben und Zeichnen aus.

Gordon Ramsay machte zunächst als Fußballer Karriere, zog sich aber nach einer Verletzung vom Fußballsport zurück und wurde Koch. Er besitzt Restaurants von L. A. bis Doha und erhielt mehrere Michelin-Sterne. Du hast ihn vielleicht schon in einigen Fernsehsendungen wie *Kitchen Nightmares* (dt. *Gordon Ramsay: Chef ohne Gnade*) oder *Hell's Kitchen* (dt. *In Teufels Küche*) gesehen.

Martin Rees ist der Königliche Astronom. Früher war es die Aufgabe des Königlichen Astronomen, das Königliche Observatorium von Greenwich in London zu leiten. Das tut er nicht, aber er ist Professor an der Universität von Cambridge. Er hat Glück, dass er in einer Zeit Astronom wurde, in der wir so viel über Planeten, Sterne und Galaxien erfahren.

Joy S. Reidenberg ist Professorin für Anatomie an der Mount Sinai School of Medicine in New York City. Sie untersucht die Körper von Menschen und Tieren und ist Co-Moderatorin der Dokumentationsreihe *Inside Nature's Giants*, in der sie in das Innere von wirklich großen Tieren blickt, um zu sehen, wie ihre Körper funktionieren.

Christopher Riley ist ein Autor, Fernsehmoderator und Filmemacher, der sich auf Astronomie und Raumfahrt spezialisiert hat. Er hat bei Flügen der russischen und der europäischen Weltraumbehörde die Schwerelosigkeit erlebt und hat zwei astrobiologische Missionen der NASA, bei denen es darum ging, Meteorstürmen um die Erde herum zu folgen, begleitet.

Mary Roach schreibt für den *National Geographic, New Scientist, Wired* und das *New York Times Magazine.* Zu ihren Büchern zählt *Packing for Mars* (dt. *Was macht der Astronaut, wenn er mal muss?*), das voller Seltsamkeiten über Weltraumreisen steckt. Sie macht gern Rucksacktouren, spielt Scrabble, liebt Mangos und eine Sendung von *Animal Planet* über erschreckende Tiere wie die Parasitenwürmer, die sich an die Augäpfel von Fischen klammern.

Alice Roberts ist Anatomin und Professorin an der Universität von Birmingham in England. Außerdem ist sie eine bekannte Wissenschaftsautorin und Fernsehmoderatorin, die in Sendereihen wie *Time Team* oder *Coast* eine üppige Mischung aus Wissenschaft und Naturgeschichte präsentiert.

David Rooney arbeitet im Science Museum in London. Er kümmert sich um eine große Sammlung von Gegenständen, die mit dem Verkehrswesen zu tun haben. Zu dieser Sammlung gehören Flugzeuge, Autos, Fahrräder, Lastwagen und Busse sowie jede Menge Modelle.

Michael Rosens witzige Gedichte und Geschichten werden von Kindern auf der ganzen Welt geliebt. Deine Eltern sind wahrscheinlich mit der berühmten Schokoladenkuchen-Geschichte in *Quick, Let's Get Out of Here* aufgewachsen, und du hast vielleicht *We're Going on a Bear Hunt* (dt. *Wir gehen auf Bärenjagd*) gemocht. Michael wurde 2007 zum Children's Laureate ernannt.

Meg Rosoff schreibt Geschichten, die von Kindern, Teenies und Erwachsenen geliebt werden. Ihr erster Roman, *How I Live Now* (dt. *So lebe ich jetzt*) hat viele Leser zum Zittern, Lachen und Weinen gebracht, manchmal alles zur gleichen Zeit. Megs letztes Buch heißt *There Is No Dog* (dt. *Oh. Mein. Gott.*). Es handelt von Bob, einem neunzehnjährigen Jungen, der aus Versehen Gott wird.

Marcus du Sautoy ist Mathematikprofessor an der Universität von Oxford. Zu seinen vielen Sendungen gehören *The Code* sowie ein paar, die er zusammen mit den Komikern Alan Davies und Dara O'Brian macht. Er hat auch mit Lauren Child (der Erfinderin von *Charlie und Lola*) zusammengearbeitet und sie mit Rätseln und Codes für ihre Bücher über den Kinderspion Ruby Redfort versorgt.

Roz Savage hält vier Weltrekorde im Ozeanrudern und ist auch die erste Frau, die über den Atlantischen, den Pazifischen und den Indischen Ozean gerudert ist. Sie setzt sich als United Nations Climate Hero für Umweltschutzanliegen ein und ist Sportbotschafterin für 350.org. Ihr Buch: *Rowing the Atlantic: Lessons Learned on the Open Ocean.*

Rupert Sheldrake ist Biologe und Autor verschiedener Bücher, darunter auch *Dogs That Know When Their Owners Are Coming Home* (dt. *Der siebte Sinn der Tiere: Warum Ihre Katze weiß, wann Sie nach Hause kommen, und andere bisher ungeklärte Fähigkeiten der Tiere*). Im Alter von zehn Jahren hat er Papageien gehalten, und er war schon immer daran interessiert, wie Tiere nach Hause finden.

Clay Shirky lehrt an der New York University, wo er Menschen zeigt, wie sie das Internet benutzen können. Er schreibt auch Bücher, zu denen *Here Comes Everybody* gehört und das davon handelt, was passiert, wenn viele Leute das Internet benutzen, um zusammenzuarbeiten. Er lebt mit seiner Frau und zwei Kindern in etwa deinem Alter in New York City.

Seth Shostak fing schon im Alter von acht Jahren an, sich für Außerirdische zu interessieren, als er ein Buch über das Sonnensystem in die Hand bekam. Heute ist er Senior Astronom beim SETI Institute in Kalifornien (SETI steht für Search for Extra-Terrestrial Intelligence).

Daniel Simmonds ist Zoowärter der Primaten im Zoo von London. Primaten ist der Gruppenname für viele verschiedene Affenarten, und Dan arbeitet mit allen möglichen: großen Gorillas, winzigen Totenkopfäffchen, verspielten Gibbons und frechen Klammeraffen.

Simon Singh wollte Nuklearphysiker werden, als er neun Jahre alt war. Er studierte Teilchenphysik und arbeitete an der Universität von Cambridge und am CERN, aber irgendwann wurde ihm klar, dass er besser darin war, über Wissenschaft zu schreiben, als Wissenschaftler zu sein. Zu seinen Büchern zählen *Big Bang* (dt. *Big Bang*), *The Code Book* (dt. *Codes*) und *Fermat's Last Theorem* (dt. *Fermats letzter Satz*).

Gary Smailes ist Militärhistoriker und Autor von Kinderbüchern, zu denen auch die *Battle Books* (eine Reihe mit Büchern der Kategorie Wähle-dein-eigenes-Abenteuer) gehören. Sein Lieblingsmehl ist Mehl mit Backpulverzusatz (das in seiner Heimat weit verbreitet ist, das es aber in Deutschland nicht gibt).

Tim Smit hat in Cornwall mithilfe seiner Freunde das Projekt Eden erschaffen. Im Laufe von fünf Jahren haben sie ein Schlammloch in eine wunderschöne, riesige Gartenanlage verwandelt. Jetzt reisen jedes Jahr Tausende von Menschen dorthin, um sich die unglaublichen Pflanzen anzusehen und etwas über die Umwelt zu erfahren.

Dan Snow macht für die BBC Programme über Geschichte. Er schreibt auch Bücher und iPad-Apps. Er lebt mit seiner Familie und einer riesigen Dänischen Dogge namens Otto im New Forest. Dan liebt Geschichte, weil dazu auch die aufregendsten Dinge gehören, die jemals irgendwem passiert sind.

Francis Spufford ist ein Autor von Sachbüchern. Er interessiert sich hauptsächlich für Geschichte und dafür, wie es sich angefühlt haben mag, in bestimmten anderen Zeiten gelebt zu haben. In seinem jüngsten Buch *Unapologetic* geht es allerdings darum, wie sich Religion anfühlt.

Iain Stewart ist Professor für Geowissenschaftliche Kommunikation an der Universität von Plymouth. Er hat verschiedene bekannte Sendungen für die BBC moderiert: *Earth – The Power of the Planet* (dt. *Der Garten Erde*), *How Earth Made Us*, *Men of Rock* und *How to Grow a Planet*.

Michaela Strachan moderiert seit 25 Jahren Sendungen für Kinder und Natursendungen. Im Laufe dieser Zeit hat sie Haie mit der Hand gefüttert, Bären gerettet, Kolibris geküsst, ist mit Geparden gerannt, hat Schlangen gefangen, stand knietief in Fledermauskot und hat ihre Hand in den Hintern eines Elefanten gesteckt!

Chris Stringer arbeitet in der Paläontologie-Abteilung am Natural History Museum in London. Er weiß also eine ganze Menge über die Frühmenschen und darüber, wie wir uns seither weiterentwickelt haben. Als er zehn Jahre alt war, hat er am liebsten Flugzeuge und menschliche Schädel gezeichnet.

Rosie Swale-Pope war 57, als sie beschloss, um die Welt zu laufen. Nachdem sie ihren Mann verloren hatte – er war an Krebs gestorben –, hatte sie das Gefühl, das Leben »packen« und Geld für wohltätige Zwecke sammeln zu müssen. Rosie ist der einzige Mensch, der sowohl um die Welt gesegelt als auch gelaufen ist.

Kathy Sykes ist Physikerin und Universitätsprofessorin, die witzige Wissenschaftssendungen moderiert, sowie Mitbegründerin des Cheltenham Science Festival. Sie weiß, wie man aus den Deckeln von Kochtöpfen und einer Glasscherbe ein Mikroskop basteln kann, und hat schon einmal als Assistentin eines Magiers in Florenz gearbeitet.

Claire Tomalin ist die Autorin von Biographien über Jane Austen, Thomas Hardy, Mary Wollstonecraft-Shelley, Charles Dickens und andere. Sie lebt mit ihrem Mann, dem Dramatiker und Romanautor Micheal Frayn, in London.

Peter Toohey lebt in Kanada am Ende der riesigen Prärien in der Nähe der Rocky Mountains. Er ist der Autor von *Boredom: A Lively History* und Professor für Altphilologie, obwohl er als Kind unbedingt Bauer werden wollte.

Joyce Tyldesley hat an Ausgrabungen in England, Europa und Ägypten teilgenommen. Sie hat viele zerbrochene Töpfe und jede Menge Steinwerkzeuge gefunden, aber nie eine Mumie entdeckt. Wenn sie nicht in Ägypten arbeitet, unterrichtet sie Schüler aller Altersstufen weltweit online in Ägyptologie.

Gabrielle Walker schreibt Bücher und macht Sendungen über die Art und Weise, wie die Welt funktioniert. Sie ist mit Piranhas im Amazonas geschwommen und hat sich mit einem Hammer ein paar Lavabrocken aus einem aktiven Vulkan auf Hawaii geholt. Am liebsten ist sie allerdings in der Antarktis, und sie hofft, dass es dort noch eine ganze Weile kalt und eisig bleiben wird.

Jacqueline Wilson schrieb ihren ersten »Roman«, als sie neun war, und füllte zahllose Übungshefte von Woolworth, während sie älter wurde. Sie hat jetzt mehr als 100 Bücher veröffentlicht. Die Figur Tracy Beaker ist eine von Jacquelines langlebigsten Schöpfungen.

Jeanette Winterson wurde adoptiert und wuchs in einem Haus auf, in dem (abgesehen von der Bibel) nicht zum Lesen ermutigt wurde. Glücklicherweise gab es in dem Haus kein Badezimmer, daher konnte Jeanette Geschichten im Licht der Taschenlampe draußen auf der Toilette lesen. Sie verfasste ihren ersten Roman *Oranges Are Not the Only Fruit* (dt. *Orangen sind nicht die einzige Frucht*), als sie 23 war, und schreibt seither für Erwachsene und Kinder.

Yan Wong ist Evolutionsbiologe und Moderator von *Bang Goes the Theory* auf BBC 1, einer Sendereihe, in der er komplizierte Sachverhalte auf leicht verständliche Weise erklärt. Seine große Leidenschaft ist die Biologie, und er hat mitgeholfen, *The Ancestor's Tale* (dt. *Geschichten vom Ursprung des Lebens*) von Richard Dawkins zu schreiben.

Michael Wood ist Historiker, Autor und Film- und Fernsehproduzent. Er ist bekannt für gefeierte Bücher und Fernsehserien wie *Conquistadors* (dt. *Auf den Spuren der Konquistadoren*), *The Story of India* und – erst vor kurzem – *The Story of England*.

Katie Woodard arbeitet als Gerichtsmedizinerin in Seattle in den USA, was bedeutet, dass sie DNS-Spuren benutzt, um Verbrechen aufzuklären. Sie unterrichtet ihre beiden Kinder zu Hause und hat ein Kinderbuch geschrieben, *My First Book about DNA*.

Antony Woodward ist Autor von *The Wrong Kind of Snow* und von *Propellerhead*, in dem es ums Fliegen geht. Sein letztes Buch heißt *The Garden in the Clouds* und handelt davon, einen Garten auf einem walisischen Berg anzulegen. Aus irgendeinem Grund haben bisher alle seine Bücher etwas mit Wolken zu tun.

Carl Zimmer hat 13 Bücher über Naturwissenschaften geschrieben. Seine Lieblingstiere sind Parasiten. Es gibt einen Bandwurm in einem australischen Fisch, der nach ihm benannt ist: *Acanthobothrium zimmeri*.

Gemma Elwin Harris studierte an der Cambridge University und arbeitet seitdem als freie Autorin und Zeitungsredakteurin, u. a. für *Glamour* und *Sunday Times*. Zu diesem Buch inspiriert wurde sie von ihrem zweijährigen Sohn und ihren drei Nichten. Sie lebt in Edinburgh, Schottland.

© Colin Hattersley